Robert C. Solomon / Kathleen M. Higgins
Eine kurze Geschichte der Philosophie

Robert C. Solomon, geboren 1942 in Detroit,
und *Kathleen M. Higgins*, geboren 1954 in
St. Petersburg/Florida, sind Professoren für Philosophie
an der University of Texas in Austin. Sie haben bereits
sieben Bücher gemeinsam veröffentlicht.

ROBERT C. SOLOMON
KATHLEEN M. HIGGINS

Eine kurze Geschichte der Philosophie

Aus dem Amerikanischen von
Sonja Hauser

Piper
München Zürich

Die Originalausgabe erschien 1997 unter dem Titel
»A Passion for Wisdom – A Very Brief History of Philosophy«
bei Oxford University Press, New York.

Redaktion der deutschen Ausgabe: Iris Buchheim

Für Jenene Allison
und Sarah Canright

ISBN 3-492-04510-3
Sonderausgabe 2003

Umschlaggestaltung: Büro Jorge Schmidt, München
Umschlagfoto: Corbis
Satz: Satz für Satz. Barbara Reischmann, Leutkirch
Druck und Bindung: Clausen & Bosse, Leck
Printed in Germany

www.piper.de

Inhalt

Vorwort

Die Geschichte der Philosophie ist gleichzeitig die Geschichte des menschlichen Bewußtseins und des Staunens über die Welt. Sie umfaßt die Ursprünge der Religion, der Mythologie, der kulturellen und individuellen Identität und der Naturwissenschaften. Sie entfaltet sich in den Gedanken und Lehrmeinungen von Philosophen aus allen Zeiten, sie läßt sich jedoch auch in gröberen Umrissen beschreiben, so daß Trends, Bewegungen, Ideenkonstellationen und das, was deutsche Philosophen des neunzehnten Jahrhunderts den »Zeitgeist« nannten, sichtbar werden. Natürlich spielen die einzelnen Philosophen eine große Rolle, aber im Mittelpunkt stehen ihre Ideen. Deshalb handelt es sich bei dem vorliegenden Buch weniger um eine kollektive Biographie als um die abstrakte Darstellung der Ideenwelt.

Wir haben versucht, eine Version dieser Darstellung zu liefern. Wir haben uns bemüht, das globale Wesen der Philosophie als (mehr oder minder) universelle menschliche Eigenschaft zu beschreiben, aber natürlich bleibt unsere Perspektive westlich orientiert. Trotzdem behandeln wir im ersten Teil ein breites Spektrum der Traditionen vom alten Amerika bis Tibet, von Athen und Jerusalem bis Indien, von Platon bis zur Postmoderne. Selbstverständlich könnte man noch viel mehr sagen, aber nur selten wird so viel so einfach ausgedrückt. Unserer Ansicht nach liegt der Reiz der Philosophie weniger im Detail als im Überblick.

Bei dem vorliegenden Band handelt es sich um eine Zusammenfassung unseres Buches *A Short History of Philosophy* (Oxford, 1996). Hier haben wir eine ganze Reihe unserer Ausführungen gestrichen und unsere Darstellung der zeitgenössischen Philosophie kurz gehalten. Ähnlich wie in unseren anderen Büchern diskutieren wir auch in diesem keine lebenden Philosophen, weil uns der nötige Weitblick fehlt, um zu beurteilen, welche der gegenwärtigen philosophischen Moden auch in Zukunft noch interessant oder wichtig sein werden. Wir wollen jedoch nicht den Eindruck vermitteln, daß die Philosophie so etwas wie eine historische Kuriosität ist, ein Überbleibsel aus der Vergangenheit. Die Philosophie ist ein dynamischer Prozeß, der sich in alle möglichen Richtungen entwickelt und nicht zuletzt seine eigene Geschichte immer wieder neu beleuchtet. Wir freuen uns, an diesem Prozeß teilhaben zu dürfen.

Chronologie

ca. 1900 v. Chr.	Abraham
14. Jahrhundert v. Chr.	Echnaton
um 1220–1200 v. Chr.	Moses
1013–973 v. Chr.	David
660–583 v. Chr.	Zarathustra
ca. 630–546 v. Chr.	Thales
ca. 610–545 v. Chr.	Anaximander
ca. 581–507 v. Chr.	Pythagoras
ca. 570–480 v. Chr.	Xenophanes
570–510 v. Chr.	Lao-Tse
551–479 v. Chr.	Konfuzius
566–486 v. Chr.	Siddhartha Gautama (Buddha)
um 550 v. Chr.	Anaximenes
ca. 535–470 v. Chr.	Heraklit
um 500–450 v. Chr.	Parmenides
ca. 500–428 v. Chr.	Anaxagoras
ca. 490–445 v. Chr.	Empedokles
490–420 v. Chr.	Protagoras
483–375 v. Chr.	Gorgias
ca. 479–381 v. Chr.	Mo Di
um 475 v. Chr.	Zenon von Elea
ca. 400 v. Chr.	Hiob
469–399 v. Chr.	Sokrates
460–370 v. Chr.	Demokrit
427–347 v. Chr.	Platon

413–323 v. Chr.	Diogenes
384–322 v. Chr.	Aristoteles
ca. 372–287 v. Chr.	Theophrast
371–289 v. Chr.	Mencius = Meng-tzu
369–286 v. Chr.	Chuang-tzu
360–271 v. Chr.	Pyrrhon
341–277 v. Chr.	Epikur
336–265 v. Chr.	Zenon der Stoiker
298–212 v. Chr.	Hsün-tzu
106–43 v. Chr.	Marcus Tullius Cicero
ca. 94– ca. 55 v. Chr.	Lukrez
ca. 20 v. Chr. – 40 n. Chr.	Philos
ca. 10 v. Chr. – 65 n. Chr.	Paulus
ca. 5 v. Chr. – 30. n. Chr.	Jesus Christus
50–125 n. Chr.	Epiktet
121–180	Mark Aurel
ca. 150–200	Nagarjuna
ca. 205–269	Plotin
drittes Jahrhundert	Sextus Empiricus
354–430	Augustinus
ca. 570–632	Mohammed
ca. 800–866	Al-Kindi
966–1017	Sei Shonagon
978–1015	Murasaki Shikibu
980–1037	Ibn Sina *oder* Avicenna
ca. 1033–1109	Anselm von Canterbury
1079–1142	Abaelard
1126–1198	Ibn Rushd *oder* Averroes
1130–1200	Chu-Hsi
1135–1204	Moses Maimonides
1200–1253	Dōgen
1225–1274	Thomas von Aquin

ca. 1260–1327	Meister Eckhart
1357–1419	Tson-Kha-Pa
1469–1527	Niccolò Machiavelli
1469–1536	Erasmus von Rotterdam
1473–1543	Nikolaus Kopernikus
1483?–1546	Martin Luther
1509–1564	Johannes Calvin
1515–1582	Teresa von Ávila
1533–1592	Michel de Montaigne
1561–1626	Francis Bacon
1564–1642	Galileo Galilei
1588–1679	Thomas Hobbes
1596–1650	René Descartes
1623–1662	Blaise Pascal
1632–1677	Baruch de Spinoza
1632–1704	John Locke
1643–1727	Isaac Newton
1646–1716	Gottfried Wilhelm Leibniz
1668–1744	Giambattista Vico
1685–1753	George Berkeley
1694–1778	Voltaire (François Marie Arouet)
1703–1758	Jonathan Edwards
1706–1790	Benjamin Franklin
1711–1776	David Hume
1712–1778	Jean-Jacques Rousseau
1723–1790	Adam Smith
1724–1804	Immanuel Kant
1743–1794	Antoine Marquis de Condorcet (Marie Jean Antoine de Caritat)
1743–1826	Thomas Jefferson
1744–1803	Johann Gottfried Herder

1748–1832	Jeremy Bentham
1770–1831	Georg Wilhelm Friedrich Hegel
1773–1836	James Mill
1788–1860	Arthur Schopenhauer
1803–1882	Ralph Waldo Emerson
1804–1872	Ludwig Feuerbach
1806–1873	John Stuart Mill
1809–1882	Charles Darwin
1813–1855	Søren Kierkegaard
1817–1895	Frederick Douglass
1817–1862	Henry David Thoreau
1818–1883	Karl Marx
1832–1913	Alfred Russell Wallace
1839–1914	Charles Sanders Peirce
1842–1910	William James
1844–1900	Friedrich Nietzsche
1848–1925	Johann Gottlob Frege
1856–1939	Sigmund Freud
1859–1938	Edmund Husserl
1859–1952	John Dewey
1859–1941	Henri Bergson
1861–1947	Alfred North Whitehead
1864–1936	Miguel de Unamuno
1864–1920	Max Weber
1866–1952	Benedetto Croce
1868–1963	W. E. B. Du Bois
1869–1948	Mahatma Gandhi
1872–1970	Bertrand Russell
1889–1951	Ludwig Wittgenstein
1889–1976	Martin Heidegger
1889–1973	Gabriel Marcel

1893–1976	Mao Tse-tung
1905–1980	Jean-Paul Sartre
1906–1978	Kurt Gödel
1908–1986	Simone de Beauvoir
1911–1960	John Austin
1913–1960	Albert Camus
1925–1965	Malcolm X
1929–1968	Martin Luther King, Jr.

Gibt es die letzte Wahrheit?

Die Anfänge

Wenn wir die Geschichte der Menschheit betrachten, erscheint uns das Auftauchen von Philosophie und Philosophen als kurioses Phänomen, das sich nicht ohne weiteres als physiologische oder physikalische Notwendigkeit erklären läßt. Vielleicht war die »unnütze« Aktivität des philosophischen Denkens so etwas wie ein Nebenprodukt unseres übergroßen Gehirns, die Folge dessen, daß unsere Gedanken in der alltäglichen Routine nicht aufgingen und deren Beschränktheit überstiegen. Auf jeden Fall hat es mit der Entwicklung unserer Sprache zu tun, die eine ganze Reihe abstrakter und selbstbewußter Konzepte an die Stelle zweckgerichteter Grunz- und Knurrlaute setzte. Das philosophische Denken – über die Natur und die in ihr wirkenden Kräfte oder auch darüber, was im Jenseits aus der menschlichen Seele wird – läßt sich praktisch überall Zehntausende von Jahren in die Vorgeschichte zurückverfolgen. Die Neandertaler zum Beispiel kannten bereits Beisetzungsrituale, die von ihrem Glauben an ein Leben nach dem Tode zeugen. Auch die Vorstellung, daß es Geister, Götter und Göttinnen sowie Mächte jenseits der menschlichen Wahrnehmung gibt, hat eine lange Geschichte. Das Streben, etwas über die Natur, nicht nur als Notwendigkeit, mit der man sich arrangieren muß, sondern auch als wunderbare Gegebenheit zu wissen, reicht vermutlich bis zum Cro-Magnon-Menschen zurück. Verschiedene Konzepte der kollektiven Identität und Gerechtigkeit – nicht nur die Sitten und Bräuche, die das Zusammenleben regelten, sondern auch die Mythen und Rationalisierungen von Territorium, Macht und Gemeinschaft – existierten mit Sicherheit schon viele Jahrhunderte vor den uns bekannten Zivilisationen.

Irgendwann zwischen dem sechsten und vierten Jahrhundert v. Chr.[1] jedoch tauchten in den unterschiedlichsten Winkeln der Erde vollständig entwickelte philosophische Systeme auf. Große Denker, die die Philosophie ihrer jeweiligen Kulturen für Jahrtausende prägen sollten, taten sich rund ums Mittelmeer, im Nahen Osten, in Indien und in China hervor. Im Nahen Osten entwickelten die Hebräer ihre Vorstellung vom einen Gott und von sich selbst als »auserwähltem Volk«. In Griechenland entstanden die ersten wissenschaftlichen Theorien über die Natur. In China gelangten die Taoisten zu einer völlig anderen Sehweise der Natur, und Konfuzius entwickelte ein bahnbrechendes Konzept der Gesellschaft und des tugendhaften Individuums, das noch heute das chinesische Denken beherrscht. Im alten Indien spekulierten frühe

1 In der Originalausgabe benutzen die Autoren statt der Abkürzung B.C. immer B.C.E. (»before the common era«, dt. vor unserer Zeitrechnung) und begründen dies so:
»Da wir uns in dem vorliegenden Buch auch mit vielen nichtchristlichen philosophischen Richtungen und Denkern befassen, haben wir uns gegen die Verwendung von ›v. Chr.‹ entschieden. Unsichere Daten werden im übrigen mit einem ›ca.‹ versehen.«
Im Deutschen hat sich jedoch kein entsprechendes Kürzel auf Dauer etabliert; deshalb behält die deutsche Übersetzung das traditionelle Kürzel »v. Chr.« bei.

hinduistische Theoretiker über den Ursprung und das Wesen der Welt, wie sie in den Veden beschrieben wird, und schufen eine Vielfalt von Göttern und Göttinnen.

Die Philosophie entspringt weder einer einzelnen Quelle, noch entstand das philosophische Denken spontan gleichzeitig in verschiedenen Teilen der Welt. Vielmehr gab es Karawanen, die ganz Asien durchquerten, und einen regen Handel im Mittelmeerraum, entlang des Nils und in dem Gebiet, das wir heute den Nahen Osten nennen. Die frühen Hebräer waren Nomaden; in Indien trafen zahlreiche unterschiedliche Kulturen aufeinander, und Ägypten lieferte die Grundlage für die spätere griechische Philosophie. Dazu kamen weitere große Kulturen im südlichen Mittelmeerraum, zum Beispiel Nubien, das heutige Äthiopien. Diese Kulturen entwickelten ausgeklügelte astronomische und mathematische Systeme und beschäftigten sich intensiv mit dem Wesen der menschlichen Seele sowie dem Leben nach dem Tode. Viele zentrale Ideen des griechischen Denkens, darunter auch das Interesse für Geometrie und die Vorstellung von der Seele, wurden mittelbar oder unmittelbar aus anderen Kulturen übernommen. Deshalb ist es richtiger, das große »Wunder« der griechischen Antike nicht als den herausragenden Anfang philosophischen Denkens zu betrachten, sondern eher als den Kulminationspunkt einer langen Geschichte von Anfängen, an die wir uns einfach nicht mehr erinnern.

Das älteste bekannte philosophische System stammt vermutlich aus Indien. Das, was wir unter »Hinduismus« verstehen, läßt sich ein paar tausend Jahre zurückverfolgen. Zum Hinduismus gehören nicht nur ein Kosmos fabelhafter Götter und Göttinnen, sondern auch das Vermächtnis zahlreicher Weiser und tiefgründige Gedanken über die Welt. Die alten, als *Veden* bekannten Hindu-Texte lassen sich ins vierzehnte Jahrhundert vor unserer Zeitrechnung datieren, und die *Upanishaden*, die auf die *Veden* folgten und diese kommentierten (deshalb heißen sie auch *Vedanta* oder Kommentar), stammen aus dem achten Jahrhundert v. Chr. Bereits vor *Siddhartha Gautama* (*Buddha*, 566–486 v. Chr.) gab es in der indischen Philosophie Freidenker und einen Hang zum Mystizismus. (Etwa zur selben Zeit entstand in Indien der sogenannte Jainismus, eine Religion, die sich der Unantastbarkeit des Lebens und der Gewaltlosigkeit verschrieb.) Zu dieser Zeit hatten indische Philosophen schon jahrhundertelang die Vorstellung vom *Brahman*, einer absoluten Realität, propagiert, die sich – wie manche meinten – gänzlich der normalen menschlichen Erfahrung entzieht und von ihr unabhängig ist. Zum Teil an die Hindu-Schriften angelehnt, entwickelte Buddha ein Denkgebäude, nach dem unser übliches Bild vom Universum und uns selbst lediglich eine Illusion ist. Sowohl die frühen Hindu-Theoretiker als auch Buddha argumentierten, daß sich das menschliche Leiden nur überwinden läßt, wenn man weltliche Realität und individuelles Selbst als Illusionen durchschaut. Die Anhänger von Buddha entwickelten in Anlehnung an seine Lehren eigene Theorien über das Wissen, die Natur, das Selbst und seine Leidenschaften, über den menschlichen Körper und seine Leiden, über den Geist und seine Störungen, über die Sprache und die verschiedenen Möglichkeiten, die Realität wahrzunehmen.

Als weitere wichtige philosophische Kraft der antiken Welt bereitete die Vorstellung der alten Hebräer von einem einzigen Gott und vom gottgegebenen Gesetz schon tausend Jahre vor Christus den Weg für die »westliche Kultur«. (Vermutlich sind die Zehn Gebote Teil eines größeren Regelkanons, der bereits tausend Jahre v. Chr. bestand.) Vielleicht gibt es keinen einzelnen hebräischen Philosophen vor Jesus, der dieselbe Bedeutung erlangte wie Konfuzius, Buddha oder Sokrates, aber dafür haben uns die alten Hebräer eines der einflußreichsten Bücher der Geschichte hinterlassen, das Alte Testament. Einen Sonderstatus darin nimmt das Buch Genesis ein, bei dem es sich nicht nur um eine Abhandlung über die Religion, sondern auch über die Geschichte, die Soziologie und – würden manche sagen – über die Naturwissenschaften handelt.

Die alten Hebräer waren nicht die ersten, die an einen einzigen Gott glaubten, eine große Anzahl von Gesetzen ihr eigen nannten oder sich selbst für »auserwählt« hielten. Der ägyptische Pharao Amenhotep IV. (Echnaton) zum Beispiel verehrte bereits einen einzigen Gott; die Babylonier unter Hammurabi (1730–1685 v. Chr.) hatten ein ausgefeiltes Regelwerk mit Gesetzen, an denen sich die Hebräer orientierten. Doch die Hebräer besaßen besonderes Geschick darin, sich eine eigene Geschichte zu schaffen und diese zu erzählen – die Geschichte eines selbstbewußten Volkes, dem es gelang, einen Bund mit Gott zu schließen, und das alle möglichen Katastrophen erdulden mußte, für die es letztlich selbst die Schuld trug, das aber die Zeiten dennoch überdauerte.

Ebenfalls im Nahen Osten, dem damaligen Persischen Reich, machte sich ein Mann namens Zarathustra von Balkh, auch bekannt als *Zoroaster* (660–583 v. Chr.), daran, einen umfassenden moralischen Monotheismus zu entwickeln. Zarathustra scheint sowohl vom Gedankengut der alten Hebräer als auch von dem des frühen ägyptischen Monotheisten Echnaton und der Hindu-Veden (mit denen seine Lehren starke Ähnlichkeiten aufweisen) beeinflußt gewesen zu sein. Er verehrte den Schöpfer-Gott Ahura Masda und ging davon aus, daß Gut und Böse als aktive Mächte auf die Welt einwirkten. Nach Ansicht von Zarathustra stand Ahura Masda auf der Seite des Guten, während in allen von uns Gut und Böse miteinander im Wettstreit lagen. Zarathustra stellte sich bereits tausend Jahre bevor Augustinus in Nordafrika das Problem der Theodizee anging, die Frage, warum Gott so viel Leid in der Welt zulassen kann. Im späten Manichäismus (der von Zarathustra beeinflußt war, aber dessen Anhänger als Ketzer betrachtete) wurde dieser moralische Dualismus zu einem kosmischen Kampf zwischen Gut und Böse. Die Anhänger Zarathustras machten Persien zu einem der mächtigsten Reiche der Welt.

Im sechsten Jahrhundert v. Chr. besaß China bereits ein hochentwickeltes Staatswesen. Doch in diesem Staat herrschte gesellschaftlicher Aufruhr. Deshalb entwickelte *Konfuzius* (551–479 v. Chr.) eine Philosophie, die sich fast ausschließlich mit gesellschaftlichen und politischen Fragen beschäftigte. Er sprach von harmonischen Beziehungen zwischen den Menschen, von Führungsfragen, von der Beschäftigung mit dem und der Wandelbarkeit des Ich, davon, daß der Mensch seine Tugenden fördern und Laster meiden solle. Das wichtigste Ziel des Konfuzianismus bestand darin, den sogenannten »Weg« (*Tao*) zu einer harmonischen Gesellschaft zu definieren und zu kultivieren. Es ist kein Zufall, daß Konfuzius diese Gedanken ausgerechnet in einer Zeit des politischen Umbruchs in China formulierte, die noch heute als eine der düstersten Epochen der chinesischen Geschichte gilt. Anders als sein Zeitgenosse Buddha hatte Konfuzius nicht die Absicht, eine Religion zu gründen, und er wollte auch seine Landsleute nicht mit abstrakten philosophischen Ideen oder Vorhersagen überfordern. Nach seinem Tod jedoch wurde er von zahlreichen Menschen bewundert und von manchen sogar als Gott verehrt. Heute hängt ungefähr ein Drittel der Menschheit der Religion des Konfuzianismus – oft in Verbindung mit dem Buddhismus – an.

Ebenfalls im sechsten Jahrhundert entwickelte ein weiterer Weiser namens *Lao-Tse* (570–510 v. Chr.) eine andere Version des Weges (*Tao*) zu Frieden und Erleuchtung. (Auch das griechische Wort *diké*, oft als »Gerechtigkeit« übersetzt, bedeutete ursprünglich »der Weg«.) Anders als sein Zeitgenosse Konfuzius schrieb Lao-Tse der Natur größere Bedeutung zu als der menschlichen Gesellschaft. Konfuzius erachtete zum Beispiel verschiedene Leidenschaften als »unnatürlich«, was bedeutete, daß sie im Leben eines Ehrenmannes keine Rolle spielen sollten. Lao-Tse hingegen hatte viel mehr Vertrauen in die Natur und war gegenüber den Leidenschaften der Ungebildeten und Unkultivierten bedeutend nachsichtiger. Für Konfuzius besteht der Weg zum guten Leben darin, der ruhmvollen Tradition zu folgen und zu respektieren, was die Vorfahren etabliert haben. Für

Lao-Tse ist der Weg weitaus mysteriöser. Das Tao ist nicht nennbar und nicht begreifbar. Laut Lao-Tses *Tao-Te-King* ist »das Tao, dem man folgen kann, nicht das wahre Tao; der Name, der sich nennen läßt, ist nicht der wahre Name«.[1] Das bedeutet jedoch nicht, daß man es nicht finden und versuchen könnte, danach zu leben. Die Lehre des Taoismus will uns auf unserem Weg leiten.

Konfuzius und Lao-Tse prägten die Grundlagen der chinesischen Philosophie. Sie betonten beide die *Harmonie* als idealen Zustand sowohl des einzelnen als auch der Gesellschaft, und sie bestanden auf einer allumfassenden, »holistischen« Vorstellung vom menschlichen Leben, das den einzelnen betont in einem größeren Zusammenhang verortet. Sowohl Konfuzianismus als auch Taoismus betrachten die Entwicklung des persönlichen Charakters als Hauptlebensziel, wobei das Persönliche nicht im Sinne des Individualismus definiert wird. Für den Anhänger des Konfuzianismus ist das Persönliche gleichbedeutend mit dem Gesellschaftlichen. Für den Taoisten ist das Persönliche die Beziehung zur Natur. Im Vordergrund der chinesischen Philosophie stehen demnach die Notwendigkeit der Harmonie im menschlichen Leben sowie eine Vorstellung vom Menschen, die über das rein Individuelle hinausgeht.

Interessant ist außerdem, daß in China auch eine technologische Tradition existierte, die weiter zurückreicht als die westliche. So erfanden die Chinesen beispielsweise schon früh Schießpulver, Nudeln und Brille. In China wird die Wissenschaft seit jeher nicht um ihrer

1 Lao-Tse. Tao-Te-King, Kap. 32, 41.

selbst willen, sondern unter pragmatischen Gesichtspunkten betrieben. Besonders der Konfuzianismus mißt der wissenschaftlichen Theorie weit weniger Bedeutung zu als der gesellschaftlichen Harmonie. Die bemerkenswerte Geschichte der Technologie in Asien hat wenig zu tun mit der so oft idealisierten »Suche nach der Wahrheit«. Trotz seiner intensiven Beschäftigung mit der Natur hat der Taoismus praktisch nichts mit den Naturwissenschaften zu tun, und für den Buddhismus ist nicht nur die Wissenschaft, sondern schon die bloße Vorstellung, daß der Mensch die Zusammenhänge in der Natur begreifen könnte, nur Teil der großen menschlichen Illusion. Diese Gedanken sollten wir im Hinterkopf behalten, wenn wir uns nun der Philosophie der alten Griechen zuwenden.

Die Griechen oder Hellenen waren eine Gruppe von Indogermanen, die aus dem Norden kam und ein bereits an der Ägäis ansässiges Volk vertrieb. Anfangs waren die Griechen nicht sonderlich innovativ, doch im Zuge ihres Handels im Mittelmeerraum adaptierten sie auch kulturelle Errungenschaften. Von den Phöniziern zum Beispiel übernahmen sie das Alphabet, einige neue Technologien sowie gewagte religiöse Gedanken. Aus Ägypten gewannen sie die Vorbilder, die dann die griechische Architektur bestimmen sollten, sowie die Grundlagen der Geometrie und ein paar exotische Ideen zum sogenannten »Mysterienkult«. Aus Babylon (dem heutigen Irak) importierten sie Astronomie, Mathematik, Geometrie sowie weiteres religiöses Gedankengut. Aus dem ägyptischen Gott Osiris wurde der griechische Dionysos. Im sechsten Jahrhundert breitete sich der mächtige Mysterienkult des Dionysos, der den Menschen als Mischung aus Natur und Göttlichem sieht, über ganz Griechenland aus. Das führte unter anderem zu dem Gedanken, daß wir das ewige Leben besitzen – ein durchaus willkommener Gedanke in einer Welt, in der das Leben, wie der britische Philosoph Thomas Hobbes später meinte, hart, grausam und kurz sei.

Aus dieser Mischung von Mythologie, Mysterienkult und Mathematik entwickelte sich die griechische Philosophie. Die ersten griechischen Denker lebten unter beneidenswerten, aber ausgesprochen labilen Umständen. Ihre Kultur war reich an Anregungen und kreativ, aber sie waren von neidischen Rivalen umgeben. Seinerzeit wurden große Kulturen oft ohne Vorwarnung von ihren Feinden überrannt und mit einem militärischen Radikalschlag von der Karte der bekannten Welt gefegt. Das, was nach solchen Kriegen noch übrig war, fiel dann häufig der feindlichen Natur anheim. Epidemien überzogen die Städte; das Leben war unberechenbar, oftmals tragisch, es war ein viel beklagtes Gut. So heißt es zum Beispiel bei Sophokles: »Nichtgeborensein scheint mir das Höchste. Das Nächste, schnell dorthin zurückzukehren.«[1]

In einer Welt, die sich so wenig vom Menschen beherrschen ließ, spielte der Begriff des *Schicksals* natürlich eine große Rolle. Während die Griechen in Troja und noch zur Zeit Homers dieses Schicksal jedoch noch in Verbindung mit launischen Entscheidungen von Göttern und Göttinnen brachten, suchten die Philosophen des sechsten Jahrhunderts nach einer zugrundeliegen-

1 Sophokles. Ödipus auf Kolonos. V. 1224 ff., in der Übers. von D. E. Sattler. (Wassmann) Bremen 1984, S. 94.

den Ordnung der Dinge, nach einer stabilen und begreifbaren Basis. An die Stelle der göttlichen Launen und Leidenschaften und der Ungewißheit des Schicksals sollte der *logos* treten, die Vernunft oder eine zugrundeliegende Logik. Schon lange zuvor hatte die Religion die Tür ins »Jenseits« aufgestoßen, doch nun forderte die Philosophie auch noch eine jenseitige Ordnung.

Im sechsten Jahrhundert v. Chr. geriet die traditionelle Mythologie der Griechen bereits ins Wanken. Die Geschichten von Göttern und Göttinnen und ihren unterschiedlichen Opfern und Weggenossen wurden nicht mehr so ernst genommen. In der Lücke zwischen Weltlichem und Phantastischem siedelte sich schließlich der Gedanke der »Wahrheit« an. Stellen wir uns vor, wir haben uns unsere Götter und Göttinnen nur ausgedacht, wandte *Xenophanes* ein (570–480 v. Chr.). »Wenn Ochsen und Pferde und Löwen Hände hätten und zeichnen könnten wie der Mensch, würden die Pferde die Götter wie Pferde darstellen und die Ochsen wie Ochsen; sie würden die Körper der Götter nach ihrem eigenen gestalten.«[1] Warum also, fragte Xenophanes, sollten wir Wesen mit so schlechten Manieren, so zweifelhafter Moral und so kindischen Gefühlen verehren? Deshalb riet Xenophanes etwa zur selben Zeit, als die ersten Bücher der Bibel entstanden, zum Glauben an »einen Gott, den größten Gott unter Göttern und Menschen, als Körper und Geist völlig anders beschaffen als die Sterblichen«.[2]

1 Xenophanes B15. Die Fragmente der Vorsokratiker. Griechisch und deutsch von Hermann Diels. Hamburg 1972 (16. Aufl.).
2 A. a. O. B 23.

Wir können heute nicht mehr beurteilen, wie weit diese Zweifel in der griechischen Gesellschaft verbreitet waren, aber es steht außer Frage, daß sie in der Luft lagen. Da Hebräer und Griechen intensive Kontakte pflegten, war der Monotheismus in Griechenland mit Sicherheit bekannt. Vermutlich kam er trotz des breiten Angebots an Göttern und Göttinnen dem griechischen Streben nach Harmonie und Einheit entgegen. Aus solchen radikalen Ideen wurde die Philosophie (vom Griechischen *philein*, lieben, und *sophia*, Weisheit) in Griechenland geboren.

Woher kommt die Welt? Die frühe indische Philosophie

Die Philosophie des frühen Indien ist unlösbar mit dem Hinduismus verbunden. Streng genommen gibt es jedoch kein einzelnes philosophisches Regelwerk – und damit auch keine einzelne Religion – mit der Bezeichnung »Hinduismus«. (*Hindu* ist ein arabisches Wort, das sich nicht auf eine Religion, sondern auf einen Ort bezieht: »östlich des Indus«.) Der Hinduismus basiert auf einer ganzen Reihe von Vorstellungen. Manche von ihnen sind theistisch, andere nicht; manche von ihnen mystisch, andere nicht; manche von ihnen fußen auf der alten indischen Mythologie, andere nicht. Er hat außerdem mit dem Kastensystem zu tun, das die Hindu-Philosophie rationalisierte.

Der traditionelle Hinduismus wird von phantastischen Wesen und Gottheiten bevölkert, die mindestens so einfallsreich sind wie die der griechischen Mythologie. Es gibt eine zentrale Trinität von Göttern: Brahman (der Schöpfergott), Vishnu (der Erhalter des Universums) und Shiva (der Gott der Zerstörung). Dabei handelt es sich jedoch um die drei Gesichter eines einzigen Gottes. (Diese Denkrichtung wird manchmal »Henotheismus« genannt.) Die bekannten Darstellungen von Shiva verweisen auf eine verwirrende religiöse Vielfalt, in der die Götter immer wieder neue Formen und Persönlichkeiten annehmen, unterschiedliche Funktionen haben und deshalb auch viele verschiedene Namen. Shivas Gemahlin Parvati zum Beispiel wird in manchen Mythen als die sinnliche Uma dargestellt und in anderen als die mütterliche Amba, die zerstörerische Kali oder Shakti, Shivas Quelle der Macht.

Die zentrale Bedeutung der Göttinnen im Hinduismus ist bemerkenswert angesichts der herrschenden Rolle des Männlichen in fast allen Weltreligionen. Dazu kommen die phantasiereiche Verspieltheit der Hindu-Mythologie sowie ihr relativer Mangel an Verboten und Dogmatismus, was die unterschiedlichen Vorstellungen vom Göttlichen angeht. Doch auch in den verspieltesten Hindu-Geschichten finden sich bei aller Unterschiedlichkeit immer wieder dieselben Themen: Erneuerung, Kontinuität des Lebens und Einheit des Universums.

Als Philosophie läßt sich der Hinduismus am besten in Form der Schriften festmachen, die als *Veden* bekannt sind. Der früheste, der sogenannte *Rig-Veda*, wurde vermutlich bereits 1500 v. Chr., also Hunderte von Jahren vor Moses und sechshundert Jahre vor Homer, verfaßt. Die Veden sind eine Kombination von Poesie, Hymnen, Mythologie und Kosmogonie – den »persönlichen«

Ursprüngen des Universums. Spätere Kommentare zu den Veden, die *Upanishaden* oder *Vedanta*, konzentrieren die Schöpfungsgeschichte auf *Brahman*, die »absolute Realität«. Die Theorie von *Brahman* ist, ähnlich wie die reiche Mythologie des frühen Indien, durchzogen von Ambiguitäten und Widersprüchen, die klarmachen sollen: Das *Brahman* ist eine Substanz, die unendlich vielen Manifestationen zugrunde liegt.

Der Gedanke, daß es viele Götter gibt, die alle Manifestationen ein und desselben Gottes sind, wirkt zweifelsohne auf Monotheisten und Polytheisten gleichermaßen verwirrend, wenn sie die Göttlichkeit als inhärent stabile Qualität sehen. Die indische Philosophie muß auch auf jene verwirrend wirken, die nicht nur auf der Einzigartigkeit, sondern auch auf der letztendlichen Rationalität der Realität sowie auf ihrer Unveränderlichkeit bestehen. Das *Brahman* jedoch ist nur insofern unveränderlich, als es sich ständig verändert.

Die Veden beginnen mit der Kosmogonie, der Frage nach den Ursprüngen: Warum existiert etwas? Schon die frühesten Veden sind im Hinblick darauf, ob sich solche Fragen überhaupt beantworten lassen, äußerst skeptisch. »Woher diese Schöpfung stammt – vielleicht hat sie sich selbst geschaffen, vielleicht auch nicht; das weiß nur derjenige, der vom höchsten Himmel auf sie herunterblickt – aber vielleicht weiß auch er es nicht.« In den frühen Veden wird auch die Frage gestellt, wie das Universum vor der Schöpfung aussah. Ist die Welt selbst nur eine Illusion? Möglicherweise ist sie nicht einmal nichts. In Indien tauchen zuerst Geschichten von einem Schöpfer auf, der die Welt und alle Dinge darin erschafft. Die sexuelle Komponente dieser Geschichten wird offen ausgesprochen; man könnte die frühe indische Kosmogonie wie die meisten Kosmogonien der Alten Welt als Personifikationen des Kosmos sehen, als Versuch, die Schöpfung zu begreifen im Rekurs auf das unmittelbare Verstehen der menschlichen Fortpflanzung. Der *Rig-Veda* sieht das Universum selbst als kosmische, unsterbliche Person.

Diese grundlegende Beschäftigung mit der Person durchzieht die ganze indische Philosophie, was auch evident wird in der ständigen Beschäftigung mit dem Selbst, der Seele und der wahren Natur des einzelnen. Auch im Buddhismus und Jainismus, die sich Jahrhunderte später aus dem Hinduismus entwickelten, geht es um diese Fragen. Auf der einen Seite gibt es die Vorstellung von der individuellen Seele, der *jiva*, die aus jedem einzelnen ein einzigartiges Wesen macht. Ob diese *jiva* genuin ist und ob sie den Tod des Körpers überleben kann, wird immer wieder Gegenstand der Diskussion. Auf der anderen Seite ist das Selbst das *atman*, das allgemeine Lebensprinzip aller Menschen. So kann man jeden einzelnen als *jiva*, vitalisiert durch a*tman*, oder umgekehrt *jiva* als falsches und *atman* als wahres Selbst sehen. Die Veden machen deutlich, daß wir uns *jiva* und *atman* nicht als zwei Aspekte des Selbst vorstellen sollen, die in einer Person um die Vorherrschaft kämpfen. In der indischen Philosophie geht es seit rund dreitausend Jahren um die wahre Natur dieses Selbst.

Können wir *Brahman*, die höchste Realität, überhaupt erfahren? Und wenn ja, wie? Hier greifen die Spielarten der indischen Philosophie, die im Westen am bekanntesten sind – *Mystizismus* und die Übungen des *Yoga*. Es wäre ein großer Fehler, die indische Philosophie, und sei es auch in ihren ältesten Formen, *ausschließlich* als Mystizismus zu sehen (dies ist eine der beliebtesten Ausreden westlicher Philosophen, sich überhaupt nicht mit dem indischen Denken auseinanderzusetzen). Bereits die ältesten Veden bezweifeln skeptisch, ob sich das *Brahman* allein durch Vernunft oder Reflexion begreifen läßt. Möglicherweise, so die Veden, kann man das Wissen um das *Brahman* nur durch eine allumfassende, einigende mystische Erfahrung erlangen.

In der indischen Philosophie wird man von einer solchen Erfahrung nicht wie Saulus auf dem Weg nach Damaskus überrascht. Man muß sich intensiv darauf vorbereiten. Diese Vorbereitung umfaßt unter anderem ein genaues Studium und Verständnis der Veden und Upanishaden und bestimmte rituelle Übungen wie zum Beispiel Meditation und Yoga. Sie zielen nicht primär auf Gesundheit und Körper ab (obwohl auch sie wichtig sind), und auch die Entspannung ist nicht das eigentliche Ziel des Yoga. Yoga ist Selbstdisziplin, die spirituelle Selbstdisziplin, die es dem Menschen erlaubt, zu einer tieferen Realität vorzudringen und so die Glückseligkeit zu erfahren.

Diese Erfahrung der Glückseligkeit ist das Herzstück fast der gesamten indischen Philosophie, auch wenn sie verschiedene Namen hat und mit verschiedenen Lehren und Techniken angestrebt wird. Die Buddhisten bezeichnen sie als *Nirwana*, die Jainisten als »Befreiung vom Leiden« und die Vedaten als *mukti* – alle interpretieren ihr Wesen und ihre Bedeutung unterschiedlich. Manche würden sagen, daß das, was wir »Realität« nennen, eigentlich Illusion ist und wir erst durch die mystische Erfahrung des *Brahman* zur wahren Realität vorstoßen.

Andere hingegen gestehen der Alltagswelt eine gewisse Realität zu, wenn auch nur eine oberflächliche mit verschiedenen Ebenen und Graden; und im Grunde ist die Realität das *Brahman*, das Eine. In allen drei Traditionen – dem Hinduismus, dem Buddhismus und dem Jainismus – besteht das letzte Ziel darin, eine gewisse Freiheit von den Ärgernissen und Sorgen des Alltagslebens zu erlangen. Auf einer metaphysischeren Ebene resultiert eine solche »Befreiung vom Leiden« in der Befreiung aus dem ewigen Kreislauf von Tod und Wiedergeburt, in dem alle Wesen gefangen sind.

Die Hebräer, ihr Gott und ihre Gesetze

Die Ursprünge des Judentums reichen fast bis ins dritte Jahrtausend v. Chr. zu Abraham zurück. Das Judentum ist von jeher eine reiche Quelle des philosophischen Denkens gewesen – zuerst mit dem Selbstverständnis des hebräischen Volkes und seiner Gesetze, später mit den Lehren der Propheten (neuntes bis achtes Jahrhundert v. Chr.) und schließlich mit den zahlreichen Schriften, aus denen sich Thora und Talmud, eine Sammlung von Gesetzen und Kommentaren, entwickelten. (Der Begriff »Judentum« leitet sich her vom Königtum Juda, das nach dem Tod Salomons zwei der zwölf Stämme Israels umfaßte.) Die philosophische Diskussion prägte das Leben der alten Hebräer so grundlegend, daß keine Notwendigkeit bestand, sie als eigene intellektuelle Betätigung auszuweisen. Wegen ihrer Gebundenheit an die Gesetze waren die Hebräer von jeher an Fragen interessiert, die sich mit der Auslegung der Gesetze, mit der Gerechtigkeit und dem gesellschaftlichen Zusammenleben befaßten. Vor allen Dingen wollten die Hebräer wissen, wie sie ihrem allmächtigen, in seinen Handlungen nicht immer berechenbaren Gott gefallen konnten. Deshalb beschäftigte sich die hebräische Philosophie hauptsächlich mit dem Wesen dieses Gottes und der Bedeutung der Gesetze, die er seinem Volk gegeben hatte. Das Gesetz sollte im hebräischen und später jüdischen religiösen Denken so zentral werden wie bei keinem anderen Volk.

Die alte hebräische Philosophie definierte sich im wesentlichen über die folgenden drei Grundelemente: den Glauben an einen einzigen Gott, das Gefühl, von diesem einen Gott »auserwählt« zu sein, und die Bedeutung der gottgegebenen Gesetze. Das erste und dritte dieser Grundelemente bestimmen zusammen nicht nur die Philosophie der alten Hebräer, sondern liefern auch den Rahmen für praktisch die gesamte westliche Geschichte und Philosophie – den einen Gott und seine Gebote.[1]

Philosophisch gesehen implizierte die Vorstellung von einem einzigen, allmächtigen Gott Universalität, also einen einzigen Glauben und ein einziges Regelwerk, die nicht nur für eine bestimmte Region oder Stadt galten, sondern überall und für jeden. Es ist nicht genau bekannt, wann die alten Hebräer ihren Glauben an den einen Gott annahmen; klar ist nur, daß auch sie zuvor verschiedene, miteinander konkurrierende Götter und Göttinnen angebetet haben müssen. Einer von ihnen

1 Obwohl einige der dem Judentum, dem Christentum und dem Islam vorangehenden Religionen in ihrer Form möglicherweise matriarchalisch ausgerichtet waren, verwenden wir hier für Gott durchgehend das männliche Pronomen.

wurde zu ihrem Liebling, und dafür machte er sie zu seinem »auserwählten Volk«.

Dieser Kompromiß zwischen Monotheismus und Polytheismus nahm eine ganze Reihe komplexer Probleme vorweg, die die jüdische, christliche und islamische Theologie in Atem hielten. Ein philosophisches Problem, das immer wieder auftauchte, war das Verhältnis des einen Gottes zu seiner Schöpfung. Hat Gott eine Welt unabhängig von sich selbst erschaffen, oder ist er Teil dieser Welt? Wie und warum schuf er das Universum, und warum machte er es nicht anders? Warum schuf er insbesondere Menschen »nach seinem Ebenbild«, und wie gestaltet sich sein Verhältnis zu ihnen?

Das erste Buch des Alten Testaments, die Genesis, stellt Gott als den allmächtigen Schöpfer dar, der die unterschiedlichen Kategorien von Lebewesen in Stufen, an sechs aufeinanderfolgenden »Tagen«, schuf, am letzten die Menschen. Der jüdische Glaube wich somit von der ansonsten im Nahen Osten herrschenden Vorstellung ab, daß die Welt eine Folge vorhergehender Welten und Umstände sei. In Indien beispielsweise galt die Welt zwar nicht als ewig, aber doch als unvorstellbar alt (etwa drei Trillionen Jahre). Sogar noch für die Griechen war der Gedanke, daß die Welt *aus dem Nichts* entstehen konnte, praktisch unverständlich. Das Judentum hingegen geht davon aus, daß Gott die Welt aus dem Nichts erschuf. Natürlich hat es um die richtige Interpretation der Genesis schon vor Charles Darwins These, daß das Leben Folge eines Entwicklungsprozesses, nicht eines einzigen Schöpfungsaktes sei, heftige Diskussionen gegeben. Wichtiger aber war die Auseinandersetzung damit, welches Verhältnis Gott zu den von ihm erschaffenen Menschen hat. Wenn alle Menschen »nach Gottes Ebenbild« erschaffen wurden, warum bevorzugte Gott dann manche Völker gegenüber anderen, wie die Hebräer ihrer Ansicht nach von ihm bevorzugt wurden? Jedenfalls war die Wirkung dieses Glaubens auf die Hebräer erstaunlich. Aus einem Nomadenvolk wurde nach dem Exodus ein entschlossenes und widerstandsfähiges Volk – keine antike Idee hatte eine solche Macht.

Obwohl das Judentum die Würde des einzelnen betont, sollten wir nicht vergessen, daß es seine Ursprünge in einer Stammesreligion hat. Der einzelne besitzt demnach nur insofern Würde und Bedeutung, als er Teil einer Gemeinschaft ist. Doch wie in so vielen alten Gesellschaften wurde die Bestimmung der Gemeinschaft nicht dem Zufall überlassen. Das Judentum versteht seinen Status als »auserwähltes Volk« als Folge von Gottes Versprechen an seinen Stammvater Abraham. Gott hatte Abraham seinerzeit zugesichert, daß seine Nachfahren ein großes Volk werden würden. Demzufolge beinhaltet das Judentum ein exklusives Element, das die frühen Christen, insbesondere der heilige Paulus, zurückgewiesen hätten. Insofern besteht das Judentum weniger in einer Philosophie oder einem Glaubensgebäude als in einer exklusiven Mitgliedschaft. Folglich konzentriert sich die jüdische Philosophie längst nicht so stark auf theologische und Glaubensfragen wie auf die Bedeutung der Zugehörigkeit zur jüdischen Gemeinde und was diese Zugehörigkeit impliziert.

In der Bibel werden nur wenige theologische Fragen erörtert. Dafür beschreibt sie die Persönlichkeit Gottes, wenn wir sie so nennen dürfen, so klar wie in einem Roman. Der Gott der Hebräer ist, das gibt er selbst zu, ein eifersüchtiger Gott. Manchmal ist er auch ein zorniger Gott. Das verdeutlichen unzählige Geschichten aus dem Alten Testament. Philosophisch aber ist die These – die sich mit der altgriechischen Vorstellung vom Schicksal vergleichen läßt –, daß der allmächtige Beschützergott der Hebräer höchst unberechenbar, ja launenhaft war. Sein Unmut wurde schnell geweckt, wie sich an den Katastrophen, die die Hebräer ereilten, leicht zeigen läßt. Einerseits wurden die Hebräer von ihrem mächtigen Gott beschützt, doch andererseits war dieser Schutz alles andere als zuverlässig. Folglich mußten Situationen, in denen er sein Volk nicht beschützte, erklärt werden. Dasselbe galt für Gottes *Gnade*. Im Judentum wie auch in großen Teilen des Christentums entschied Gott selbst, wem er seine Gnade erwies. Kein einzelner und kein Volk hatte automatisch ein Anrecht darauf.

Die Philosophie der Hebräer muß deshalb vor dem Hintergrund ihrer großen Angst um ihren *Bund* mit Gott gesehen werden. Dieser Bund gab ihnen Sicherheit, und wenn ein Unglück sie ereilte, was häufig genug passierte, zweifelten die Juden nicht an ihrem Glauben an Gott, sondern gaben sich selbst die Schuld. Die Propheten sprachen fast schon stolz von den Mächten, die sich dem Volk Israel entgegenstellten, nicht als Beweis dafür, daß Gott es verlassen, sondern als Beweis, daß es seinen Unwillen erregt hatte. Der Gedanke, von Gott verlassen worden zu sein, war für die Hebräer unvorstellbar. Schuldgefühle waren dem Verlust des Glaubens auf jeden Fall vorzuziehen; man könnte sagen, daß die Hebräer der Schuld erst ihre philosophische Form verliehen. Gleichzeitig trieben sie die Selbstbeobachtung in bisher ungeahnte Tiefen voran.

Wozu leiden? Der Zoroastrismus und das Problem des Bösen

Die Vorstellung von einem einzigen Gott scheint auf unterschiedliche Quellen zurückzuführen zu sein, darunter Echnaton im alten Ägypten, die Hebräer sowie den Zoroastrismus im alten Persien. Diese Philosophie ist wegen ihrer originellen Behandlung der philosophischen Probleme interessant, die mit der Vorstellung von einem einzigen Schöpfergott zu tun haben. Die hebräische Philosophie betonte die Gehorsamkeit gegenüber Gott und seinen Gesetzen, die Anhänger Zarathustras hingegen waren vielleicht die ersten, die sich auf die objektive Beschaffenheit von Gut und Böse konzentrierten.

Zarathustra widersetzte sich dem Polytheismus seiner Zeitgenossen und verlegte sich auf die ausschließliche Verehrung von Ahura Masda, dem er die Erschaffung der Welt zuschrieb. Gleichzeitig erkannte er jedoch die Existenz geringerer Gottheiten an, die von Ahura Masda geschaffen waren und im Einvernehmen mit ihm existierten. Diese geringeren Gottheiten brachte Zarathustra mit bestimmten Aspekten der Natur in Verbindung, die der Gläubige durch die entsprechenden Gottheiten verehrte. Diese Form der Naturreligion war seit Urzeiten bekannt und wurde auch in der griechischen und der Tradition des Nahen Ostens gepflegt, oft neben anderen anthropomorphen und abstrakt spirituellen Religionen. Obwohl der Zoroastrismus sich auf Ahura Masda als obersten Gott konzentrierte, erachtete er auch die Verehrung des Feuers (und der Sonne als Geschöpf des Feuers) als Pflicht; seiner Ansicht nach wurde die Seele durch das Feuer geläutert. Deshalb nannte man die Anhänger des Zoroastrismus bisweilen »Feuerverehrer«.

Das Problem der *Theodizee*, also die Frage, warum es sinnloses Leiden und Schmerz und Sterben geben kann, wenn doch ein guter, mächtiger Gott über die von ihm geschaffene Welt wacht, leitet sich hauptsächlich vom Zoroastrismus her. Wenn Gott nicht gut wäre, wenn er kein liebender, fürsorglicher Gott wäre, dann wäre das Überhandnehmen des Leidens und die Unausweichlichkeit des Todes kein theologisches Problem. Die Griechen zum Beispiel nahmen es als selbstverständlich hin, daß ihre olympischen Götter und Göttinnen die Menschen willkürlich verstümmelten oder ermordeten. Der Hinduismus hat sogar einen eigenen Gott der Zerstörung, Shiva. Wenn er zerstört, führt das zu keinem philosophischen Paradox oder theologischen Problem; Shiva handelt einfach nur seiner Natur entsprechend. Ähnliches gilt für die böse Göttin Kave im Nukuoro-Atoll im Südpazifik.

In der Geschichte der Hebräer jedoch ergaben sich Fragen nach Gottes Gründen fast zwangsläufig. Als ihr Gott es zuließ, daß sein »auserwähltes« Volk in die Sklaverei verkauft und sowohl Jerusalem als auch der Tempel des Herrn (nicht nur einmal) zerstört wurden, standen die Hebräer vor einer wichtigen und ziemlich verstörenden Entscheidung: Entweder hatte Gott seinen Teil der Abmachung mit seinem auserwählten Volk gebrochen und es im Stich gelassen, oder eben dieses Volk hatte gegen den Bund verstoßen und das Vertrauen Gottes verraten. Die Frage war unumgänglich: Warum hatte Gott das getan? Sogar Jesus fragte: »Warum hast du mich verlassen?« Dieselbe Frage erhob sich viele Jahre später nach dem Holocaust. Die hebräische Philosophie (und überhaupt ein großer Teil des westlichen Denkens) dreht sich um das Grundproblem von Schuld und Verantwortung. Die Darstellung des Sündenfalls in der Genesis verweist bereits darauf, daß das Böse durch die freie Entscheidung des Menschen in die Welt kam.

Natürlich läßt sich dieser Zusammenhang von Sünde und dafür zu übernehmender Verantwortung in Zweifel ziehen, was zum Beispiel im Buch Hiob (das vermutlich während des babylonischen Exils, also etwa 400 v. Chr., entstand) geschieht. Es erzählt die Geschichte eines guten Mannes, der trotz seiner Achtung aller göttlichen Gebote schreckliche Strafen erdulden muß. Satan verhöhnt Gott, indem er ihm erklärt, Hiob halte sich nur deshalb an Gottes Gebote, weil dieser ihn gut behandle. Daraufhin stellt Gott Hiob auf die Probe und erlaubt Satan, Hiob und seine Familie mit den denkbar schlimmsten Katastrophen heimzusuchen. Trotzdem lebt Hiob genauso gottesfürchtig wie bisher weiter und bittet Gott wiederholt, ihm zu helfen. Am Ende stellt Gott die ursprünglichen glücklichen Lebensumstände für Hiob wieder her, betont aber, daß seine Wege für Menschen nicht einsichtig sein müssen. Daraus ergibt sich angesichts der Ungerechtigkeit in der Welt die Notwendigkeit des Glaubens. Natürlich wird das Problem der Theodizee dadurch nicht gelöst. Warum muß ein gerechter Mensch ganz ohne Grund leiden? Das Buch

Hiob beschreibt eindrucksvoll das angsteinflößende und unberechenbare Verhältnis Gottes zu seinem Volk.

Eine Möglichkeit, sich dem Problem des Bösen zu nähern, besteht darin, eine zweite Größe, nämlich Satan, den Teufel, einzuführen. Zarathustra erklärt das Leiden als Folge eines Krieges zwischen zwei Zwillingsgöttern, den ersten Göttern, die Ahura Masda schuf. Der eine ist gut, der andere zerstörerisch. Die Welt ist eine Manifestation des Kampfes zwischen diesen beiden, zwischen Gut und Böse. Das ist auch der Fall im Buch Hiob, so daß man also schließen könnte, daß Satan, nicht Gott, Hiob die ungerechten Strafen auferlegte. Aber wie ist die Stärke eines böswilligen, mit Gott rivalisierenden Wesens mit seiner Allmächtigkeit vereinbar? Das führt wieder zurück zur Ausgangsfrage: Wie kann Gott es zulassen, daß Böses passiert? Schließlich ist der Satan eines seiner Geschöpfe. Bedeutet das, daß Gott (oder im Falle des Zoroastrismus Ahura Masda) doch nicht allmächtig ist? Und wie sieht die Verantwortung des Menschen angesichts dieser überwältigenden kosmischen Mächte aus?

Zarathustra geht die Frage nach dem Bösen an, indem er dem Menschen einen freien Willen zugesteht. Er kann sich entweder auf die Seite der einen Macht oder aber auf die der anderen schlagen. Als Religion empfiehlt der Zoroastrismus dem Gläubigen, sich in Gedanken, Worten und Werken an das Gute zu binden. Er verspricht, daß diese Verbindung belohnt werde: Am Ende der Welt wird Zarathustra diejenigen, die das Gute unterstützt haben, zum gesegneten ewigen Leben führen. Diese Auffassung ging in die Religion und Philosophie des Christentums ein.

Was ist Erleuchtung? Buddhismus und Jainismus

Im alten Indien taucht Buddha zum erstenmal im sechsten Jahrhundert v. Chr. auf, und die Religion, die wir als »Jainismus« bezeichnen, besteht mindestens genauso lang. Sowohl Buddhismus als auch Jainismus liefern tiefgehende Erklärungen der Seele und des menschlichen (im Jainismus auch des nichtmenschlichen) Wesens. Der Buddhismus lehnt sowohl den Gedanken des *Brahman* als auch den des Selbst (*atman*) ab, Vorstellungen also, die im Mittelpunkt des hinduistischen Denkens stehen. Sowohl Buddhismus als auch Jainismus lehnen das Kastensystem der Hindus ab.

Trotzdem bestehen viele Ähnlichkeiten zwischen Hinduismus, Jainismus und Buddhismus, so zum Beispiel die Beachtung der Veden. Bevor Indien mit Europäern und Anhängern des Islam in Berührung kam, existierten die vielen Mythen und Philosophien des Hinduismus friedlich neben denen des Buddhismus und Jainismus und anderer örtlichen Religionen und vermischten sich oft auch mit diesen.

Für den westlichen Leser vielleicht am erstaunlichsten ist die innige Verbindung von Mystizismus und Logik in Indien, zwei Gebieten der Philosophie, die im allgemeinen als einander fremd oder sogar widersprüchlich erachtet werden. Doch in Indien wurde der Mystizismus, also die Vorstellung von einer tranceähnlichen, glückseligen Erfahrung, zum Mittelpunkt aller drei großen Religionen. (Das Sanskrit-Wort für »Philosophie« bedeutet eigentlich »Sehen«.) Außerdem entwickelten sich in allen drei Traditionen logische Gedankengänge, die sowohl mystische Erfahrungen erklärten als auch als Waffen gegen diejenigen dienten, die solche Erfahrungen anzweifelten. Denn der Mystizismus hatte viele Feinde, zum Beispiel die zu starke Intellektualisierung, das Festhalten an der Bedeutung von materiellen Dingen und das unkritische Beharren auf dem gesunden Menschenverstand.

Sowohl Buddhismus als auch Jainismus legen starkes Augenmerk auf das Wesen des Leidens und die Befreiung davon. Das Grundprinzip des Jainismus lautet: »Füge niemandem Schaden zu.« Diese Achtung vor dem Leben geht sogar so weit, daß die Anhänger dieser Richtung sich bemühen, nicht auf die Insekten auf dem Boden zu treten. Buddha beschäftigte sich intensiv mit dem Leiden, das er in der Welt sah, und er sprach sich gegen das Kastensystem aus, weil es das Leiden des Menschen verstärkte. Hauptsächlich jedoch hat die Philosophie Buddhas mit der *inneren* Wandlung des einzelnen zu tun, die sich durch Einsicht in die »Vier Edlen Wahrheiten« des Buddhismus erlangen läßt:

1. Leben ist Leiden.
2. Leiden erwächst aus selbstsüchtigem Verlangen.
3. Selbstsüchtiges Verlangen läßt sich beseitigen.
4. Selbstsüchtiges Verlangen läßt sich durch Befolgung des richtigen Weges beseitigen.

Der richtige Weg zur Befreiung oder Erleuchtung heißt im Buddhismus »achtgliedriger Weg«. Er besteht aus 1. richtigem Sehen, 2. richtigem Denken, 3. richtigem Sprechen, 4. richtigem Handeln, 5. richtigem Bemühen, 6. richtigem Leben, 7. richtiger Rücksichtnahme, 8. richtiger Meditation. Das Ziel des Buddhismus besteht darin, sich vom verblendeten Glauben an das Selbst und alles, was damit einhergeht – Begehren, Ehrgeiz und Enttäuschung, Stolz und Demütigung –, zu befreien und zur Erleuchtung und dem Ende des Leids, einem Zustand mit dem Namen *Nirwana*, zu gelangen. Dieses Nirwana läßt sich am besten als Negation der egoistischen Perspektive und als Ende des Leidens beschreiben, doch man kann es auch als höchstes Glück verstehen, das allerdings nichts mit der westlichen Vorstellung vom Glück zu tun hat.

Der Buddhist glaubt, daß das ganze Leben unbeständig ist. Die Realität setzt sich aus einer Reihe vorübergehender Existenzen zusammen; es gibt keinerlei dauerhafte Substanzen. Auch das Selbst und die Seele sind demnach nicht von Dauer. Der Mensch ist lediglich eine vergängliche Einheit von Körper, Gefühlen, Gedanken, Veranlagung und Bewußtsein. Ein größeres, ewiges Selbst (das, was in den Vedanta *atman* heißt) existiert nicht. Es gibt nur *anatman*, also »kein *atman*«, kein Selbst. Die Anerkennung der Vergänglichkeit sowohl des Selbst als auch aller Objekte der Begierde ist ein Schritt auf die Einsicht und das Ende des Leidens zu. (Der Jainismus hingegen glaubt an die Existenz eines individuellen Selbst und einer Seele, nicht nur des Menschen, sondern aller Lebewesen. Deshalb ist in ihm die Achtung vor jeder Form des Lebens so zentral – der Jainismus geht ähnlich wie viele Hindus davon aus, daß die menschliche Seele in einem Tier wiedergeboren werden kann.)

Nach Ansicht des Buddhismus entsteht jeder »Zustand der Welt« aus einem anderen; die Realität besteht aus einer ausgedehnten, letztlich alles umfassenden Kausalkette, die alles und jedes mit allem und jedem, mit Vergangenheit und Zukunft, verbindet. Wiedergeburt und *karma* sind zwei Aspekte dieser komplexen Kausalkette. Man kann sich das *karma* als Rückstand der Handlungen eines Menschenlebens sowie als Schlüssel zum Status des betreffenden Menschen im Zyklus der Wiedergeburt vorstellen.

Der Buddhismus entwickelte zahlreiche Schulen des Denkens. Früh schon spalteten sich die Buddhisten im Süden (hauptsächlich in und um Indien), die sich auf die persönliche Erleuchtung konzentrierten, von denen im Norden (Mahayana; in Tibet, Nepal, China, Japan und Korea) ab, die auf einem Primat des Mitgefühls mit und der Achtung von weniger glücklichen Mitmenschen bestanden. Die südlichen Buddhisten lehrten, daß die Erleuchtung sich in einem streng asketischen und abgeschiedenen Klosterleben erlangen läßt und sich deshalb auf einen kleinen Personenkreis beschränkt. Die nördlichen Buddhisten hingegen waren der Meinung, daß alle von Leid und spirituellem Unwissen befreit werden müßten und die Erleuchteten zurückbleiben müssen, um denen zu helfen, die ein mehr oder minder normales Leben führen. Ein solcher Mensch, der den weniger Fortgeschrittenen hilft, ist ein *Bodhisattva*. Ein Bodhisattva geht nicht im Nirwana auf, wenn er die Erleuchtung erlangt, sondern bleibt genau wie seinerzeit Buddha in der Welt aktiv und hilft, das Leid zu vermindern, indem er die anderen an seinen Einsichten teilhaben läßt.

Eine besondere Ausprägung des Buddhismus gedieh in Tibet, bevor dieses Land 1959 von China überrannt wurde. (Der gegenwärtige Dalai Lama oder »oberste Priester« versucht, den tibetischen Buddhismus von seinem Exil in Nordindien aus weiter am Leben zu erhalten.) Vor der Entstehung des Buddhismus wurde Tibet von einer Gesellschaft von Kriegern beherrscht, die einer Schamanenreligion mit dem Namen »Bon« anhingen. Ganz allmählich vermischte sich diese Religion mit dem Buddhismus, und die ehedem kriegerischen Tibeter wurden in der ganzen Welt wegen ihrer Frömmigkeit und Wohltätigkeit, ihrer Sanftmut und ihres Mitgefühls bekannt.

Eine der ältesten Debatten der indischen Philosophie, in vielerlei Hinsicht ein Vorläufer der westlichen Diskussion über Glaube und Vernunft, befaßt sich mit der Rolle des Intellekts (im Gegensatz zur mystischen Erfahrung) auf dem Weg zur Erleuchtung oder Befreiung. Um das Nirwana zu erlangen, muß man sich zuerst von Illusionen befreien, besonders von der Illusion über den eigenen, ganz besonderen Platz in der Welt. Nach Ansicht vieler Buddhisten gehört zu den Grundlagen der Erleuchtung auch ein ordentlicher Schuß Logik. Mit logischen Analysen läßt sich nachweisen, daß unser gewöhnliches Verständnis von uns selbst und der Welt ziemlich wirr und widersprüchlich ist. Ein Hindernis der Erleuchtung ist die Illusion, die Welt begreifen zu können; um diese Illusion zu beseitigen, ist ein Spiel mit Paradoxen nötig.

Der berühmteste Vertreter dieses Spiels mit Paradoxen war der buddhistische Philosoph *Nagarjuna* (ca. 150–200). Nagarjuna ist der Begründer der Madhyamaka, auch bekannt als Schule des mittleren Weges für den Mahayana-Zweig der buddhistischen Philosophie, und einer der besten »Dialektiker« in der Geschichte der Philosophie überhaupt. In seinem Hauptwerk *Merkverse zur mittleren Lehre* attackierte er den Essentialismus und Substantialismus in all seinen Formen und bewies, daß alle Erscheinungen voneinander abhängig sind und – anders als im konventionellen Verständnis – keinen identischen Wesenskern haben. Er artikulierte und verteidigte eine Doktrin der zwei Wahrheiten: eine konventionelle Wahrheit über alltägliche Phänomene und die letzte Wahrheit, daß diese Dinge genau jene unabhängige Identität, die sie zu besitzen scheinen, nicht haben. Seine tiefste Einsicht bestand darin, daß diese beiden Wahrheiten im Grunde genommen ein und dasselbe sind.

Nagarjuna setzte den Intellekt gegen sich selbst ein. Zum Beispiel argumentierte er, jede versuchte Rechtfertigung führe zur Notwendigkeit einer neuerlichen Rechtfertigung, was in einen unendlichen Regreß und niemals in eine Rechtfertigung münde. Er entwickelte eine Theorie über das Wesen der Leere und machte den Weg zu einer reinen (das hat nichts mit einem Mangel an Information oder Bildung zu tun) mystischen Erfahrung frei. Indem Nagarjuna die Praktiken des Buddhismus gegenüber dem intellektuellen Verstehen hervorhob, formulierte er das, was er für die eigentliche Botschaft des Buddhismus hielt. Nicht zufällig sah er in seiner eigenen Klugheit eine Manifestation der Weisheit, einer der Grundtugenden Buddhas, das Merkmal eines Bodhisattva.

Die buddhistische Logik florierte in den folgenden Jahrhunderten, nicht zuletzt angespornt durch das Bestreben, Nagarjuna logisch zu widerlegen. Eine dem Realismus verpflichtete Tradition, *Nyaya* (»Logik«), wurde zu einem bedeutenden Gegengewicht zum »Illusionismus« vieler Skeptiker und Anhänger der Vedanten. Die *Nyayayikas* widersprachen der Vorstellung, daß die Alltagswelt eine Illusion ist. Ihrer Ansicht nach existierte die Welt tatsächlich. Die *Nyayayikas* glaubten außerdem an Gott, doch dieser Gott hatte in ihrer Vorstellung von der Welt keine große Bedeutung. Folglich hatten sie Zweifel an der Betonung des Mystizismus und der Religion durch viele indische Philosophen.

Besonders lange sollten sich Mystizismus und der Mahayana-Zweig des Buddhismus in Tibet halten. *Tson-Kha-P*a (1357–1419) begründete die politisch einflußreichste der vier größten tibetischen Schulen. In seinem Werk *Stufenweg zur Erleuchtung* erstellte er eine Enzyklopädie der buddhistischen Philosophie, die sich in Umfang und Bedeutung nur mit Arbeiten von Aristoteles oder Thomas von Aquin vergleichen läßt. Tson-Kha-Pa ist vor allem wegen seiner Darstellung und Verteidigung von Nagarjuna und seiner Synthese der Metaphysik von Leere, Logik und Epistemologie bekannt. Seine größte philosophische Leistung besteht in seinem Beweis der zentralen Bedeutung der Sprachphilosophie für das buddhistische Denken.

Auf der Suche nach Harmonie: Konfuzius, Taoismus und Mo

Wir haben bereits festgestellt, daß sich die Philosophie in China am besten mit dem Streben nach Harmonie beschreiben läßt. Konfuzius konzentrierte sich auf das dem harmonischen Zusammenleben förderliche ethische und soziale Verhalten. Die Taoisten hingegen lebten zurückgezogen, betrachteten die Gesellschaft als schädlich für den einzelnen und bestanden auf einer Harmonie in der Natur und im eigenen Wesen. Lao-Tse betrachtete die gesellschaftliche Harmonie als wünschenswert, ging aber davon aus, daß sich eine solche Harmonie am ehesten dann einstellen würde, wenn die Gesellschaft von Weisen regiert würde, die bereits die Harmonie in sich selbst gefunden hätten. Nach Ansicht der Taoisten jedoch ist der weiseste Herrscher der, der so wenig wie möglich herrscht.

Konfuzius wiederum sah seine Philosophie vor allen Dingen als Philosophie für Herrscher. Er griff oft auf die Analogie von harmonischen Tönen und Stimmen zurück, um den weisen Herrscher zu beschreiben, der seiner Meinung nach die Gesellschaft harmonisiere. Trotzdem hängt die gesellschaftliche Harmonie auch von der Tugend des einzelnen ab, nicht nur von der des Herrschers. Folglich ist die Philosophie von Konfuzius in großen Teilen eine Ermahnung zur Tugendhaftigkeit.

Diese Betonung der persönlichen Tugend innerhalb einer harmonischen Gesellschaft ist ausgesprochen wichtig für das Verständnis der chinesischen Philosophie. Sie stellt auch eine wichtige Verbindung zum westlichen Denken dar. Zwei Jahrhunderte später entwickelte Aristoteles in Griechenland ein ähnliches Konzept der Ethik, in dem die persönliche Tugend vorrangig, aber gleichzeitig im Kontext einer harmonisch funktionierenden Gesellschaft zu verstehen ist. (Wiederum ein Jahrhundert später entwickelten die griechischen und römischen Stoiker ein Konzept der Harmonie mit der Natur, das den Gedanken der Taoisten ähnelte.) Die starke Gewichtung der Tugend steht im Kontrast zur Bedeutung der Gesetze im Judentum.

Die Unterschiede zwischen diesen beiden Auffassungen von Gesellschaft und einzelnem, die sich in der Betonung von persönlicher Tugend und Gesetz ausdrücken, sind wesentlich. Das jüdische Gesetz geht von einem allmächtigen Gott aus, der sowohl Gebote als auch Strafen für Verstöße dagegen ersinnt, während die Griechen und die Chinesen den einzigen Zweck der Ethik in der Förderung einer harmonischen Gesellschaft unabhängig von einem externen Gesetzgeber sahen. Konfuzius bezog sich auf den Willen des Himmels (*t'ien*), der meist als Erinnerung daran interpretiert wird, daß der Mensch seine Lebensverhältnisse zwar beeinflussen, sie aber nicht kontrollieren kann. Auch in dieser Hinsicht läßt sich der Konfuzianismus mit der griechischen Philosophie vergleichen und kontrastieren: Der gemeinsame Nenner ist die Ausgeliefertheit des Menschen an das Schicksal.

Für Konfuzius ist die wichtigste Tugend in einer Gesellschaft die Fähigkeit zur Führung. Sie erfordert eine ausgebildete Persönlichkeit des Herrschers, die wiederum die Tugendhaftigkeit seiner Untertanen fördert. Die konfuzianische Betonung der Selbstverwirklichung ist in diesem gesellschaftlichen Kontext zu verstehen. Hier geht es nicht um individuelle Erleuchtung oder persönliche Vervollkommnung, sondern um das Wohl der *Gesellschaft*. Judentum, Christentum und Islam sind in dieser Hinsicht deutlich individualistischer; sie beschäftigen sich viel mehr mit dem Wohlergehen der einzelnen Seele. Im Konfuzianismus gibt es keine atomistische »Seele« im westlichen Sinne, denn der einzelne kann nicht unabhängig von seiner Rolle innerhalb der Gesellschaft, insbesondere innerhalb der *Familie*, gesehen werden. Die Gesellschaft im Ganzen ist im konfuzianischen Denken wie eine gigantische Familie; das gilt sogar für eine so große Gesellschaft wie China.

Die primäre konfuzianische Tugend, die andere Tugenden umfaßt, ist das sogenannte *jen* (ausgesprochen »ren«), das sich als Menschlichkeit übersetzen läßt. Konfuzius ging zwar davon aus, daß *jen* dem Menschen innewohne, aber er bestand darauf, daß es eine Leistung ist, ein vollkommener Mensch zu werden. Das *jen* muß kultiviert und entwickelt werden. Ein Kind kann dies tun, indem es Treue und Achtung gegenüber seinen Eltern wahrt. Beim Erwachsenen äußert sich das *jen* als soziale Verpflichtung. Eine besonders wichtige Manifestation des *jen* ist das *li* oder Ritual. *Li* bedeutet mehr als nur die äußere Beachtung zeremonieller Formen; es erfordert einen wachen Sinn für das jeweils Gebotene sowie Anmut und Sensibilität in allen Handlungen. Disziplinierte körperliche Ertüchtigung – eine weitere Tugend – wird als Mittel zur Kontrolle über sich selbst verstanden. Körper und Geist sind beide Formen des *ch'i*, der »Energie«. Ritual und Musik sind besonders wichtig im Konfuzianismus, weil sie nicht nur gesellschaftsstabilisierende Elemente sind, sondern auch die Mittel an die Hand geben, durch die sich das *jen* erlernen, üben und kultivieren läßt.

Nicht alle Denker, die unmittelbar auf Konfuzius folgten, waren zufrieden mit seiner Philosophie. *Mo Di* (ca. 479–381 v. Chr.) zum Beispiel, der ungefähr zu der Zeit geboren wurde, als Konfuzius starb, kritisierte diesen wegen seiner Billigung der existierenden Institutionen. Mo Di selbst war gegen die Aristokratie und hielt Rituale und Zeremonien für unwichtig. Seiner Ansicht nach ließ sich das Ideal der guten Gesellschaft allein durch die *universelle Liebe* erlangen. Paradoxerweise entwickelten die Anhänger von Mo Di, die Mohisten, auch die Kunst der militärischen Strategie, allerdings nur zur Selbstverteidigung. Diese Abneigung gegen aggressive kriegerische Akte und die Philosophie der Selbstverteidigung verficht auch der große Stratege Sun-tzu in seinem klassischen Werk *Die Kunst des Krieges*. Die universelle Liebe steht im Mittelpunkt seines Denkens, aber ihre Voraussetzung ist Sicherheit durch Stärke.

Gegen Mo Di wandten die Anhänger von Konfuzius ein, universelle Liebe sei unmöglich und auch nicht erstrebenswert. Ihrer Meinung nach reichte es, wenn die Liebe zu den Eltern größer sei als die zu Fremden. *Meng-tzu*, latinisiert Mencius (371–289 v. Chr.), zum Beispiel war der Ansicht, daß die Liebe nur dann tiefer reichen könne, wenn man von Abstufungen ausgehe. So sei die Liebe für die ganze Menschheit eine Erweiterung der intensiven Liebe, die man der eigenen Familie gegenüber empfinde. Mencius ging davon aus, daß der Mensch im wesentlichen gut ist. Deshalb war er auch hinsichtlich der menschlichen Fähigkeit zur Güte optimistisch, obwohl man sie seiner Meinung nach ohne Engagement und Übung nicht erlangen konnte.

Die konfuzianische Schule hingegen widersprach seinem Diktum der dem Menschen inhärenten Güte. *Hsün-tzu* (ca. 298–212 v. Chr.) zum Beispiel behauptete genau das Gegenteil. Seiner Ansicht nach ist der Mensch von Natur aus böse und immer auf seine persönlichen Vorteile aus. Zum Glück jedoch besitzt er auch Intelligenz, und diese Intelligenz kann er kultivieren, um gut zu werden. In Anlehnung an Konfuzius betonte Hsün-tzu die Bedeutung von Ritual und angemessenem Verhalten, besonders gegenüber den Angehörigen der eigenen Familie. Familienbeziehungen haben ihre Wurzeln nicht in der Natur; sie sind vielmehr Ergebnis intelligenter Reflexion und dienen dem gemeinsamen Kampf gegen unsere natürlichen egoistischen Begierden. Moderner ausgedrückt: Hsün-tzu war der Ansicht, daß verwandtschaftliche und gesellschaftliche Beziehungen ein gesellschaftliches Konstrukt sind. Folglich stellt sich Hsün-tzu in der Debatte um den relativen Wert von Kultur und Natur immer wieder auf die Seite der Kultur. In dieser Hinsicht steht seine Position in krassem Widerspruch zu den Lehren des Taoismus.

Lao-Tses Philosophie war hauptsächlich auf die Mittel zur Erlangung der Weisheit ausgerichtet. Dazu sollte das Innere des Menschen sich auf den Rhythmus der Natur, das Tao, den Weg des Universums, einstellen. Während die Anhänger von Konfuzius die Betonung auf die Gesellschaft legten, spielte Lao-Tse den gesellschaftlichen Aspekt herunter und hob die Bedeutung der Spontaneität im Einklang mit dem eigenen Wesen hervor. Der taoistische Weg zur Weisheit ist Einfachheit, das Vermeiden von Künstlichkeit. Angesichts dieser Vorgabe können sogar traditionelle moralische Konzepte wie Gut und Böse sich als Hindernisse für ein Leben im Einklang mit dem Tao erweisen. Nur zu oft werden sie in einem so engen Rahmen interpretiert, daß sie eher verschleiern als erhellen; insbesondere gelingt es ihnen nicht, die subtilen Wandlungen des Tao zu spiegeln.

Lao-Tses Meinung nach ist die größte Tugend das Nicht-Handeln (*wu-wei*). Folglich führt der ideale Führer nicht aktiv. Nach Ansicht des Taoisten *Chuang-tzu* (ca. 369–286 v. Chr., ein Zeitgenosse von Mencius) sind Regierungen ein Hindernis auf dem Weg zum menschlichen Glück, das für ihn von der Freiheit des Menschen abhängt, spontan sein individuelles Wesen auszudrükken. Ganz ähnlich wie der ideale Führer nicht aktiv führt, hat es auch der ideale Lehrer nicht nötig zu lehren. Er vermeidet alle unnötigen Anstrengungen, »agiert natürlich«, das heißt ganz spontan im Einklang mit seinem Wesen. Er nimmt äußere Einflüsse in sich auf und drückt den Weg des Universums (das universale Tao) aus, um *Te*, die dem einzelnen eigene Tugend, zu erlangen.

Die Taoisten glauben, daß Weisheit darin besteht, seine Einheit mit der Natur zu realisieren und im Einklang mit dem Rhythmus der Natur, dem Tao, zu leben. Leben und Tod sind lediglich Aspekte dieses Rhythmus; deshalb sollte man ihre Bedeutung nicht überbewerten. Der Rhythmus des Tao ist zyklisch. Jeder zu irgendeiner Zeit manifeste Zustand macht anderen Zuständen Platz und kehrt irgendwann wieder. (Die zyklische Vorstellung der »ewigen Wiederkehr« ist ebenfalls wesentlicher Bestandteil der hinduistischen Philosophie. Sie tauchte auch im Denken der griechischen Antike auf, trat aber mit Beginn der westlichen Philosophie in den Hintergrund.) Ein Weiser wird sich letztlich nur mit dem Tao identifizieren und die Unterscheidung zwischen Selbst und Tao »vergessen«. In dem Moment erlangt er das ewige Leben. Vielleicht stirbt das persönliche Selbst des Weisen, aber das Tao, mit dem er sich identifiziert, lebt weiter.

Das taoistische Interesse an Zyklen des Wandels spiegelt sich in den Komplementärvorstellungen des *yin* und *yang*, wörtlich der »dunklen« und der »sonnigen Seite«, mit deren Hilfe sich alle Gegensätze innerhalb eines Wandels erklären lassen. Der Mangel an einer Eigenschaft (yin) führt irgendwann zum ausreichenden Vorhandensein (yang) und schließlich zum Überfluß; darauf folgen zwangsläufig wieder Abnahme und Mangel. Dieses Bild des Zu- und Abnehmens war so wichtig in der chinesischen Philosophie – wie übrigens auch in der chinesischen Landwirtschaft –, daß sich die Gegensätze *yin* und *yang* schließlich zu einem Standardkonzept der chinesischen Weisheit entwickelten. Der berühmteste der alten chinesischen Texte, das *I Ching* (»Buch der Wandlungen«), diente den Taoisten dazu, wahrnehmbare Momente des Wandels innerhalb der größeren Veränderung der Realität aufzuzeigen. Das *I Ching* ist außerdem einer der klassischen Texte des Konfuzianismus.

Die taoistische Betonung von Wandel und Wechsel läßt sich mit dem Essentialismus der jüdisch-christlich-islamischen Tradition vergleichen, die alle heiligen Dinge als *ewig* erachtet. Auch der Taoismus kennt das Konzept der Ewigkeit: Die fundamentalen Strukturen des Tao überdauern alle Veränderungen; das Tao selbst wird manchmal sogar als das »Unveränderliche« (*ch'ang*) bezeichnet. Im Taoismus ist jedoch der einzelne Teil der Natur und der fließenden Zeit. In der jüdisch-christlich-islamischen Tradition ist hingegen heilig, wer *nicht* Teil der Natur ist und sich *außerhalb* der Zeit befindet (»in der Welt, aber nicht von der Welt«, heißt es im Neuen Testament). Die christliche Seele ist ein intaktes Stück der Ewigkeit in jedem einzelnen von uns. Die taoistische Seele ähnelt eher einem Tropfen Wasser in einem Fluß.

Woraus die Welt gemacht ist. Die frühgriechische Philosophie

Bevor wir uns den griechischen Philosophen vor Sokrates zuwenden, sollten wir erwähnen, daß das sechste und fünfte Jahrhundert v. Chr. in Griechenland in vielerlei Hinsicht innovativ und produktiv waren. Am wesentlichsten war der explosionsartige Fortschritt der Technologie. Zu einer hauptsächlich landwirtschaftlich ausgerichteten Feudalgesellschaft aus wohlhabenden Grundbesitzern und Bauern kam eine neue Schicht von Handwerkern, Händlern und Technikern. Es gab zahlreiche Erfinder, die immer wieder neue Dinge ersannen. Geometrie und Mathematik, die die Griechen aus Ägypten und Babylonien importierten, erlaubten es ihnen, in Navigation und Kartographie völlig neue Wege zu beschreiten. Auch Naturwissenschaften und Medizin florierten. Der große Arzt *Hippokrates* (ca. 460–377 v. Chr.) faßte das neue Bewußtsein der Zeit in folgenden Worten zusammen: »Der Mensch hält [eine Krankheit] nur deshalb für gottgegeben, weil er sie nicht begreift. Aber wenn er alles, was er nicht begreift, als gottgegeben bezeichnen würde, gäbe es zahllose gottgegebene Dinge.«[1]

Als erster griechischer Philosoph gilt im allgemeinen *Thales*, der im siebten Jahrhundert v. Chr. (ca. 630–546) in Kleinasien, der heutigen Türkei, lebte. Leider wissen wir nicht allzuviel von ihm, da keine seiner Schriften überliefert ist, und das wenige, was wir über ihn wissen, stammt von Aristoteles, einer nicht immer zuverlässigen

1 Hippokrates. Über die heilige Krankheit. 1.5.

Quelle. Thales war der Ansicht, daß die Welt von Wasser umgeben und letztlich aus dem Wasser geboren ist – ein Gedanke, der sich vermutlich auf die frühe griechische Kosmogonie und Vorstellungen anderer Kulturen zurückführen läßt. Er brach mit der mythologischen Tradition, die die Natur mit Hilfe von Gottheiten und Geistern zu erklären versuchte, und gelangte zu einer *naturalistischen*, wissenschaftlichen Perspektive, das heißt zu einer Erklärung natürlicher Phänomene durch elementare physische Phänomene. Diese Einstellung paßte gut zum allgemeinen Klima der Innovation und spiegelte die Faszination der damaligen Gesellschaft von der *techne*, der neuen Art, die Natur zu betrachten.

Die Spekulationen der Vorsokratiker hatten auch eine politische Dimension. Im sechsten Jahrhundert der griechischen Geschichte »modernisierte« Solon Athen und etablierte dort die Demokratie. Nach Solon kehrte Athen wieder zur Tyrannei zurück, wurde von Sparta überrannt und mußte eine Zeit des Aufruhrs erleben. Später setzte sich die Demokratie wieder durch, allerdings erst nach langen Kämpfen. Wir müssen die ersten Philosophen in diesem oft gewalttätigen Umfeld sehen, wenn wir ihre Leidenschaft für Ordnung und Einsicht begreifen wollen.

Anaximander (610–545 v. Chr.), ein jüngerer Zeitgenosse von Thales, widersprach dessen Ansicht, die Welt sei aus Wasser gemacht, und schlug statt dessen eine andere Sicht der Dinge vor: Er organisierte die traditionelle griechische Kosmologie, unterschied Erde, Luft, Feuer und Wasser und erklärte ihre unterschiedlichen Eigenschaften – heiß und kalt, feucht und trocken –, die aufeinander einwirkten und einander bekämpften. (Hier noch ein Hinweis auf einen weiteren wichtigen Gegensatz zwischen griechischer und chinesischer Philosophie: Während im griechischen Denken das Gegensätzliche ganz zentral war, dreht sich die chinesische Philosophie immer wieder um das Harmonische.)

Auf Thales' Frage, welches der Elemente das wesentlichste sei, antwortete Anaximander: »Keines davon.« Der Ursprung des Universums und der Grundbestandteil aller Dinge, sagte er, sei etwas, das wir nicht wahrnehmen können. Er nannte dieses Etwas *apeiron*, was sich mit »Grundstoff« übersetzen ließe, obwohl das Wort im Griechischen eigentlich das »Grenzenlose« heißt. Dies ist in der Geschichte der Wissenschaft der erste Fall, wo etwas nicht Wahrnehmbares theoretisch als seiend postuliert wird, um damit wahrnehmbare Phänomene zu erklären.

Anaximenes (um 550 v. Chr.) war ein Schüler von Anaximander. Er übte Kritik an der Vorstellung seines Lehrers von einem mysteriösen und nicht wahrnehmbaren *apeiron* und begab sich wieder zurück in das Reich der alltäglichen Erfahrung. Seiner Ansicht nach war die Luft das wesentlichste der Elemente, weil sie kondensierte und verdunstete, sich erwärmte und wieder abkühlte, sich verdichtete und dünner wurde.

Thales, Anaximander und Anaximenes, die sogenannten »Milesier«, taten einen entscheidenden Schritt über die alten Mythologien der Griechen hinaus. Trotzdem sollten wir diese Veränderung nicht mit so schwerwiegenden Begriffen wie »Philosophie« oder »Rationalität« überfrachten. Die Milesier bereiteten lediglich den Boden für das, was wir heute Philosophie und Wissenschaft nennen. Doch erst durch die Kenntnis ihrer Gedanken können wir begreifen, wie radikal ihre Nachfolger sich von den Vorstellungen ihrer Vorfahren abhoben.

Thales, Anaximander und Anaximenes waren *Materialisten*, das heißt, für sie bestand die Welt aus einem Grundstoff, sei dieser nun Wasser, Luft oder das *apeiron*. *Pythagoras* (ca. 581–507 v. Chr.) hingegen war der Meinung, daß die Grundbestandteile des Kosmos Zahlen und Verhältnisse seien. *Die Ordnung an sich* ziehe unsere philosophische Aufmerksamkeit auf sich, so Pythagoras, nicht die geordnete Materie. (Diese Sicht kommt natürlich vielen heutigen Physikern entgegen, die die Mathematik für den Schlüssel zum Verständnis des Universums halten.) Erst durch Pythagoras trat die zentrale Frage der Ontologie, der Beschäftigung mit dem Sein, hervor: Wie manifestiert sich die abstrakte Ordnung oder Form der Dinge in den zahlreichen tatsächlichen Dingen, die es auf der Welt gibt? Kurz gefaßt ist es das »Problem des Einen und des Vielen«.

Wie die Griechen schon bald herausfanden, unterschied sich die Mathematik von allen anderen Formen des Wissens. Sie besaß eine Eleganz, eine Reinheit, eine ausgesprochen attraktive Universalität und eine Gewißheit, die sich sonst nirgends finden ließ, am allerwenigsten im Chaos des Alltagslebens. Die Lehrsätze der Mathematik und Geometrie galten überall, und man konnte sie nachweisen. Ein rechtwinkliges Dreieck in Ägypten oder Persien hatte die gleichen formalen Merkmale wie ein rechtwinkliges Dreieck in Athen oder Italien.

Pythagoras war ein faszinierender Philosoph, der seine Theorien auch verwendete, um das Wesen der Musik und die Bewegungen der Sterne zu erklären. Er vermutete, daß die Sterne laute Geräusche verursachten, die nur die Götter hören konnten und die er die »Musik der Sphären« nannte. Außerdem entwickelte er eine komplexe Sicht der Seele, des Lebens nach dem Tode und der richtigen Lebensweise. Er verteidigte den (östlichen) Glauben an die Wiedergeburt. Und in der primär männlich bestimmten Welt des alten Griechenland gehörte er zu den ersten, der auch Philosophinnen um sich scharte. Platon preist Pythagoras in seiner *Politeia* als jemanden, der »den Vorsitz hatte über eine Gruppe von Anhängern, die ihn wegen seiner inspirierenden Gesellschaft liebten und ihren Nachkommen eine Lebensweise nahebrachten, die die Pythagoreer bis zum heutigen Tag vom Rest der Welt unterscheidet«.[1] Platon selbst war in vielerlei Hinsicht selbst ein hingebungsvoller Pythagoreer.

Da Pythagoras zu seiner Zeit so etwas wie eine Kultfigur war und seine Anhänger nicht viel nach außen trugen, wissen wir nicht allzuviel über ihn und seine Lehren. Allerdings ist uns bekannt, daß er sich als erster selbst »Philosoph«, also »einer, der das Wissen liebt« nannte. Wenn man ihn fragte, ob er ein Weiser sei, antwortete er bescheiden: »Nein, ich liebe nur das Wissen.«

Ebenfalls im Widerspruch zu den milesischen Materialisten stand die Philosophie des *Heraklit* (ca. 535–470 v. Chr.). Die »dunklen Sprüche« des Heraklit stehen aufgrund ihrer verwirrenden Tiefe und Ambiguität (zum Beispiel »Der Weg nach oben und nach unten sind ein und dasselbe«, DK B 60) in der Philosophie praktisch allein da. Während andere Philosophen versuchten, der Natur auf den Grund zu gehen, verkündete Heraklit, die »Natur liebt es, verborgen zu sein«.[2] Er selbst liebte Rät-

1 Platon. Politeia, 600 b 1 ff.
2 Heraklit B 123. Die Fragmente der Vorsokratiker. Griechisch

sel, Paradoxa und verwirrende Wortspiele, die den Sinn seiner eigenen Aussagen verschleierten. Sehr zur Irritation seiner Zeitgenossen behauptete er, die Natur offenbare sich nur sehr wenigen Menschen. Zwar lehrte er, daß der Welt eine bestimmte Ordnung zugrunde liege, ein *logos*, der alle Dinge durchdringe, aber gleichzeitig erklärte er seinen Kollegen, daß sie diese Ordnung nie verstehen würden.

Heraklit gab sich damit zufrieden, in der traditionellen Rolle des Propheten und Weisen, eines menschlichen Orakels, gesehen zu werden. Man könnte ihn jedoch auch als eine frühe Mischung aus Philosoph und Naturwissenschaftler betrachten, der sich besonders intensiv mit dem Element Feuer befaßte. Er sprach in vielerlei Hinsicht ganz ähnlich vom Feuer, wie die Materialisten über Wasser, Luft und das *apeiron* gesprochen hatten. Heraklit betrachtete den Blitz als göttlich und das Feuer als zugrundeliegende Materie: »Das Feuer lebt den Tod der Erde und unser Leben den Tod des Feuers.«[1] Allerdings spielte das Feuer in den Gedanken von Heraklit im Gegensatz zu denen der Milesier eine symbolische Rolle.

Für Heraklit war die Welt ständig im Wandel begriffen, und die augenscheinliche Stabilität erwies sich immer als Illusion. Von ihm stammt der Ausspruch: »Man kann nicht zweimal in denselben Fluß steigen.«[2] Heraklits Sprache ist so metaphorisch, daß man ihn nicht als

und deutsch von Herrmann Diels. Bd. 1, Hamburg 1972 (16. Aufl.).

1 Vgl. a. a. O. B 76, 77.

2 A. a. O. B 91.

bloßen Materialisten einstufen kann. Ihm ging es vielmehr (ähnlich wie den östlichen Denkern) darum, daß das einzig Konstante des Universums die Veränderung zu sein scheint. Trotzdem ist die Welt ewig und durch den *logos* zu einer einzigen Einheit verbunden. Hier zeigt sich eine bemerkenswerte Kontinuität zu Anaximander, der das nicht Wahrnehmbare postulierte, aber beim heraklitischen *logos* handelt es sich nicht um Materie.

Parmenides lebte ebenfalls im fünften Jahrhundert v. Chr. (um 500–450). Er war es, der die philosophische Kluft zwischen Sein und Schein am weitesten aufriß. Parmenides argumentierte viel abstrakter als all seine Vorgänger oder Zeitgenossen und ersann das, was er selbst als »neuen Weg des Denkens« begriff. Er beschäftigte sich anders als die ihm vorangegangenen Naturwissenschaftler nicht mit der spezifischen Zusammensetzung der Dinge, sondern interessierte sich für das »Sein selbst«. Dabei brachte er die Ontologie auf eine neue Ebene der Abstraktion, die sich intensiv mit den fundamentalsten Aspekten der (griechischen) Sprache befaßte, insbesondere mit dem Verb »sein«. (Wir wollen hier die Tatsache vernachlässigen, daß nicht alle Sprachen dieses Verb kennen.) Im Blick auf die Argumente und Paradoxa seiner Vorgänger kam Parmenides zu dem überraschenden Schluß, daß die Welt, wie wir sie »kennen«, nicht die wahre Welt ist, auch wenn wir keine andere kennen können.

Das, was ist, muß ewig sein; es kann nicht entstehen, und es kann nicht zerstört werden. Daraus schließt Parmenides, daß es so etwas wie Wandel nicht geben kann. Doch das, was wir normalerweise erleben, so auch

Heraklit, ist ständige Veränderung. Das heißt, das, was wir Realität nennen, ist lediglich »die trügerische Ordnung der Worte«.[1] Die tatsächliche Realität hingegen ist absolut einheitlich, unveränderlich, ewig, »das Eine«. (Es ist interessant, daß Denker in Indien ungefähr zur gleichen Zeit ganz ähnliche Theorien über Wandel und Beständigkeit diskutierten.)

Parmenides' Schüler *Zenon* ersann eine Reihe von Argumenten zum Beweis dafür, daß unsere Vorstellungen von Zeit und Veränderung tatsächlich Unsinn sind. Die berühmtesten davon sind eine Gruppe von Paradoxa (*reductio ad absurdum*), deren Zweck es war zu zeigen, daß nur Unsinn herauskommen kann, wenn man davon ausgeht, daß Zeit und Veränderung real sind. Folglich kann es weder Zeit noch Veränderung geben. Das vermutlich bekannteste seiner Paradoxa ist das des Pfeils. Wenn ein Pfeil sich vom Bogen zum Ziel bewegt, muß er einen Teil seiner Flugbahn durchqueren. Um das zu schaffen, muß er einen kleineren Teil durchqueren und dazu noch einen kleineren, und so weiter *ad infinitum*. Das heißt also, er erreicht sein Ziel nie.

Zu denen, die sich durch Schlußfolgerungen wie die oben genannte herausgefordert fühlten, gehörte auch *Demokrit* (460–370 v. Chr.). Seine Strategie bestand darin, die Prämissen von Parmenides' und Zenons Argumenten zu unterminieren und gleichzeitig die wissenschaftliche Kosmologie der Milesier weiterzuentwickeln. Eine dieser Prämissen, die Parmenides und Zenon einfach von den Vorsokratikern übernommen

---

1 Parmenides B 7, a. a. O.

hatten, war der »Monismus«, die Annahme also, daß es sich bei der Realität um eine Einheit handeln muß. Demokrit hingegen war »Pluralist« – das heißt, er widersprach dem Gedanken, daß die Welt auf einem einzigen Element basiert oder durch ein einziges Ordnungsprinzip geeint wird.

Demokrit ging der Vorstellung von immer kleiner werdenden Materieteilchen nach, bis er bei dem Gedanken landete, der sich später als einer der wichtigsten der Moderne herausstellen sollte, dem des *Atoms*. Demokrits Ansicht nach bestand die Welt aus einer nicht näher bestimmten Anzahl von »Partikeln« in unterschiedlichen Größen und Formen, die jedoch als Elemente ein wesentliches Merkmal gemein hatten: Diese Partikel ließen sich nicht weiter teilen. (Darauf deutet schon das Wort »Atom« hin, denn es setzt sich zusammen aus *a*, nicht, und *tom*, zerschneiden, zerteilen.) Im direkten Widerspruch zu Parmenides erklärte Demokrit, daß die Welt nur aus Atomen besteht, die sich im Nichts bewegen. Doch jedes dieser Atome ist ewig und läßt sich weder erschaffen noch zerstören.

Mit Demokrit war der Versuch, die Welt zu entmythologisieren, schließlich vollendet. Er stellte sich das Universum als ganz und gar materiell vor, bar jeglicher von außen auferlegter Ordnung oder Intelligenz, bar auch jeden zugrundeliegenden *logos* oder Sinns. Die alten Vorstellungen davon, daß der Mensch vom Schicksal bestimmt werde, daß Gottheiten die Welt regierten oder eine Seele oder Psyche uns nach unserem Tod überlebte – all das verschwand bei ihm. Demokrit entwickelte eine rein materialistische Weltsicht ohne Geister und Seelen. Sogar die menschliche Seele, die den meisten Vorsokratikern so viele Rätsel aufgegeben hatte, war für Demokrit lediglich ein materielles Atom in einem Universum voll materieller Atome.

Die *Seele* gehört zu den immer wiederkehrenden Themen der Philosophie. Vielleicht sollten wir an dieser Stelle das, was wir bisher darüber erfahren haben, kurz zusammenfassen. In der frühen griechischen Philosophie galt die Seele schlicht als ein Ding, und zwar ein körperloses Ding. Sie hatte keinerlei moralische Bedeutung. Die Griechen hielten die Seele sogar für etwas eher Bedürftiges, das nur dann die Quelle des Lebens ist, wenn es in einem Körper wohnt. Hat es diesen nicht, ist sie wie ein Schatten, eben körperlos, nur ein »Hauch« (so die ursprüngliche Bedeutung des Wortes *psyche*). Eine ähnliche Vorstellung führte zum Beispiel die alten Ägypter zu der Annahme, daß die Seele nur ins Jenseits eingehen könne, wenn ihr Gastkörper bewahrt werde. Deshalb gaben sie sich so große Mühe mit der Konservierung der Toten. Das erklärt auch, warum die frühen Christen die Wiederauferstehung des Leibes als für das ewige Leben wesentlich erachteten. Heraklit, einer der einfallsreichsten frühgriechischen Philosophen, war der Ansicht, daß die Seele »feurig« sei und aus der gleichen Materie bestehe wie die Sterne. (Dazu sollte man vielleicht noch wissen, daß er sich die Sterne als körperlose Löcher im Himmel vorstellte.)

Die alten Hebräer sprachen wenig von der abstrakten Seele als solcher; sie beschränkten sich fast ausschließlich auf das konkrete Wesen des einzelnen Menschen. Auch die Chinesen betrachteten die »Seele« eines Menschen immer vor dem Hintergrund seines Charakters und seiner gesellschaftlichen Identität, ohne an irgend etwas Abstraktes, Metaphysisches zu denken. Die Buddhisten glaubten, daß die Seele entweder eins mit dem Rest des Universums sei oder eine Illusion, die es zu überwinden gelte. Die Jainisten hingegen glaubten durchaus an die Seele des einzelnen; sie waren sogar der Ansicht, daß auch Insekten und Ungeziefer eine unsterbliche Seele besäßen. Die Hinduisten waren sich in dieser Frage nicht einig, meinten allerdings auch, daß die Seele durch die Wiedergeburt nach dem Tod weiterlebe.

Es überrascht nicht, daß viele Denker der praktisch seelenlosen Philosophie des Demokrit ziemlich hilflos gegenüberstanden. Noch bevor die drei größten Athener Philosophen auf den Plan traten und das Christentum sich entwickelte, wurde die spirituelle Armut der Philosophie bereits zum Problem. Ein neuerer deutscher Philosoph geht sogar so weit zu sagen, daß unsere Fähigkeit zum wahren Philosophieren bald nach dem fünften Jahrhundert vor unserer Zeitrechnung verlorenging.

Wie sollen wir leben?
Sokrates und die Sophisten

Die Gedanken, daß es nichts gibt als Materie oder daß die Welt, die wir tagtäglich erfahren, lediglich eine Illusion ist, führten dazu, daß die Ansichten der Philosophen auf dramatischste Weise in Widerspruch zum gesunden Menschenverstand traten. Eine neue Generation von Philosophen war sich darüber einig, daß sie solche Schlüsse nicht akzeptieren konnten, und einige von ihnen, die sogenannten *Sophisten* (von *sophistes*, »Agenten der Weisheit«), verwendeten die neuen Techniken der Argumentation, um sich über die Philosophie des Parmenides lustig zu machen. Andere entwickelten die Skepsis, ob man jemals die Wahrheit erfahren könne, weiter und benutzten Parmenides' Argumente, um mit radikalen Ideen in Religion und Moral hervorzutreten; zum Beispiel, daß das menschliche Wissen und die menschlichen Werte lediglich »relativ« sind und letztlich gar nicht »wahr«. Auch in der Ethik argumentierte man nun, daß unsere Ideale nichts anderes sind als die Ideale der Herrschenden und daß die Gerechtigkeit lediglich ein Instrument der Machthaber ist. (Mit anderen Worten: »Macht bestimmt, was recht ist.«) Andere Sophisten lehrten lediglich die Techniken der Argumentation und brachten jungen Athenern bei, wie sie sich in Diskussionen durchsetzen, ihre Zuhörer beeindrucken und eine politische Karriere in der neuen Demokratie machen konnten.

So wurde die Philosophie mit den Sophisten etwas durch und durch Praktisches; sie diente nun dazu, in der Welt voranzukommen. Schluß mit dem Ursprung der Welt und dem Wesen der letzten Wahrheit. Schluß mit dunklen Sprüchen und unmöglichen Argumenten. Endlich hatte die Philosophie etwas mit dem Leben zu tun, und, ja, sie machte Spaß!

Von den Sophisten möchten wir besonders *Gorgias* (483–375 v. Chr.) hervorheben, der Parmenides' neuen Stil der Argumentation imitierte und »bewies«, daß a) nichts existiert; b) wenn etwas existierte, dieses Etwas unverständlich wäre; und c) wenn etwas verständlich wäre, nichts darüber zu sagen wäre. Sehr wahrscheinlich waren diese logischen Schlußfolgerungen als Parodie und als Demonstration dessen gedacht, daß nicht die Schlußfolgerungen absurd sind, sondern der ganze Vorgang der Beweisführung. Mit Hilfe von abstrusen oder zweideutigen Prämissen kann ein geschickter Philosoph fast alles beweisen. Daraus folgt, daß es im Hinblick auf die Welt jenseits unserer Erfahrung keinerlei Beweise gibt, sondern nur Rhetorik und persönliche Meinungen, die mehr oder minder gekonnt präsentiert werden.

Der vielleicht berühmteste Sophist war *Protagoras* (490–420 v. Chr.), der sagte, der Mensch sei »das Maß aller Dinge«.[1] Dieser Ausspruch wird oft als ein frühes Zeugnis des Pragmatismus zitiert, also der Ansicht, daß wir an das glauben sollten, was nützlich für uns ist. Er zeugt auch von einem Skeptizismus, das heißt von schlagenden Gründen, die uns an allem zweifeln lassen, was jenseits unserer menschlichen Perspektive als real ausgegeben wird. »Der Mensch ist das Maß aller Dinge« bedeutet, so betrachtet, daß das Wissen abhängig ist von den Menschen und ihren begrenzten Perspektiven und daß diese Begrenztheit es uns nicht erlaubt, die Dinge so zu sehen, wie sie in sich selbst sind.

Doch der Ausspruch von Protagoras läßt sich auch selbstbewußter interpretieren: Danach kennen wir die Welt, eben weil wir sie aus menschlicher Sicht sehen. Das, was diese Sicht impliziert, wurde erst zweitausend Jahre später konsequent zu Ende gedacht. Vorerst jedoch soll uns die Feststellung genügen, daß man die Philosophie des Sophisten Protagoras nicht notwendigerweise als Sophisterei, also im engen Sinne als Argumentation um ihrer selbst willen, verstehen muß. Sie läßt

1 Protagoras B 1, a. a. O., Bd. 2.

sich auch als erhellende Einsicht in das Wesen des Wissens betrachten. Als Antwort auf Parmenides verlagert sie die Frage nach der ultimativen Realität wieder auf Fragen nach dem menschlichen Wissen.

Gegen diese »Sophisterei« argumentierte der Philosoph *Sokrates* (469–399 v. Chr.), daß es reale und »objektive« Werte gebe und daß sich der Verstand nicht nur dazu verwenden ließe, sich in Diskussionen durchzusetzen, sondern auch dazu, die wichtigsten Wahrheiten des menschlichen Lebens zu entdecken. Wie die anderen Sophisten beherrschte er alle logischen und rhetorischen Tricks, viele davon hat er Parmenides und Zenon entliehen. Sokrates wußte genau, wie sich die Widersprüchlichkeit von Gemeinplätzen herausarbeiten oder wie sich ein Argument gegen sich selbst wenden ließ. Er verstand es, Generalisierungen mit »Gegenbeispielen« zu kontern, schier unlösbare Fragen zu formulieren, provokante Thesen aufzustellen und allgemein akzeptierte Argumentationsgänge so lange zu parodieren, bis sie ganz und gar unsinnig wurden.

Sokrates wollte damit keineswegs die Behauptungen anderer lächerlich machen, auch wenn er seine eigenen Fragen nur selten beantwortete. Vielmehr ging es ihm darum, die anderen dazu zu zwingen, daß sie die Antworten auf ihre Fragen selbst suchten. Im Gegensatz zu einigen anderen Sophisten schien er davon auszugehen, daß es auf die Grundfragen des Lebens tatsächlich eine Antwort gibt. Um die Wahrheit zu sagen: Sokrates war nicht ein Gegner der Sophisten, sondern der beste von ihnen. Obwohl er sein Nichtwissen zugab, glaubte er an etwas. Nämlich daran, daß Tugend das wertvollste Gut ist, daß die Wahrheit jenseits der »Schatten« unserer alltäglichen Erfahrung liegt und daß es Aufgabe des Philosophen ist, uns zu zeigen, wie wenig wir wirklich wissen. Doch ähnlich wie die klugen Logiker im alten Indien diente sein demonstratives Unwissen nur dazu, auf das wahre Wissen vorzubereiten, das – so auch die indischen Denker – »erfahren«, nicht nur erlernt werden mußte.

Sokrates hinterließ der westlichen Welt eine genaue Vorstellung von »dem Philosophen«. Abgesehen von seinen Gedanken machte ihn vor allem sein trauriges Schicksal bekannt: 399 v. Chr. wurde Sokrates vor Gericht gestellt, angeklagt, den Geist seiner Schüler »verdorben« zu haben, verurteilt und hingerichtet. Dieses Urteil etablierte Sokrates nicht nur ein für allemal als Philosophen, sondern auch als Märtyrer für die Wahrheit, für seine Berufung. Er erklärte dem Gericht, er sterbe lieber, als die Philosophie aufzugeben.[1] Sokrates wurde so zum Maßstab dafür, wie ein Philosoph sein sollte.

Sokrates verfaßte keine Schriften und strukturierte seine Gedanken auch nicht in einer thematischen Ordnung. Offenbar hatte er nicht einmal ein philosophisches System. In vielerlei Hinsicht folgte er der Tradition der Propheten aus dem Alten Testament, und oft wird er mit Jesus verglichen. Er war ein Weiser und trug seine Ideen persönlich und öffentlich auf dem Marktplatz von Athen vor. Sokrates hielt seine Mitbürger, vor allen Dingen die ungebildeten Demokraten, die glaubten, so viel zu wissen, für ziemliche Dummköpfe. Er sorgte dafür,

1 Vgl. Platon. Apologie 29 c–e.

daß ihnen das auch klar wurde, indem er ihnen Fragen stellte wie zum Beispiel: Was ist Tugend? Was ist Wissen? Was ist Gerechtigkeit? Dabei demonstrierte er sowohl, wie schwierig es war, solche Fragen zu beantworten, als auch die Tölpelhaftigkeit seiner Zeitgenossen.

Doch Sokrates hatte auch einen Schüler, den man wahrscheinlich als einen der genialsten Schriftsteller in der Geschichte der Menschheit bezeichnen kann, Platon. Er war ein ausgezeichneter Schüler, ein großer Bewunderer, ein eifriger Zuhörer, ein geistreicher Schriftsteller, ein fähiger Propagandist, ein hervorragender Dramatiker sowie selbst ein philosophisches Genie. Platon zeichnete die vielen Gespräche des Sokrates auf, bearbeitete und veränderte sie, beginnend mit den Umständen, die zu seiner Gerichtsverhandlung führten. Das, was so entstand, ist das erste vollständig uns erhaltene Werk der Philosophie; es besteht aus so erstaunlichen Dokumenten, daß manche behaupten, die gesamte (westliche) Philosophie sei lediglich eine Fußnote zum Werk Platons.

Platon selbst hält sich jedoch in diesen Dialogen im Hintergrund; ihr Held ist Sokrates. Aber ohne Platon wäre Sokrates vermutlich nur eine Fußnote in den Archiven der griechischen Geschichte geblieben. Ohne Sokrates hätten wir allerdings keinen Platon gehabt und ohne Platon keinen Aristoteles, mit dessen Hilfe wir fast alles erfuhren, was wi[illegible]
Sokrates vorausginge[illegible]
»Wunder« der griechi[illegible]

Die Philosophen des Philosophen: Platon und Aristoteles

Platon (427–347 v. Chr.) war der größte Schriftsteller der westlichen Philosophie und ein begnadeter Dramatiker. Er gründete eine Schule, die sogenannte Akademie, um sicherzustellen, daß seine Schriften und Gedanken sowie die Lehren von Sokrates erhalten blieben. Das Schicksal des Sokrates überschattete jeden platonischen Dialog. Platons Verwendung des Sokrates zuerst als dramatischer Held und später als philosophisches Sprachrohr bewährte sich so gut, daß Platon ihn später sogar noch zur Artikulation und Diskussion seiner eigenen Ideen benutzte.

Platons Philosophie begann mit einem glaubwürdigen, wenn auch ziemlich bewundernden und unkritischen Bericht über Sokrates, besonders über seine letzten Tage. Sokrates' Verhandlung, Gefängnisaufenthalt und Hinrichtung sind Thema von *Apologie, Kriton* und *Phaidon*. Platon zeichnete darüber hinaus ausgedehnte Gespräche – die sogenannten Dialoge – auf, in denen Sokrates sich mit den klügsten Köpfen der Epoche, unter ihnen Parmenides, Protagoras und Gorgias, auseinandersetzt. Durch Sokrates' Widerlegung ihrer unterschiedlichen Argumente beginnt Platon, seine eigenen Ansichten zu präsentieren. Platons kosmologische Interessen galten der pythagoreischen Sicht der Welt als Zahl, der heraklitischen Sicht der Welt als im Fluß befindlich und als *logos*, und der parmenideischen Sicht der Welt als ewige, unveränderliche, nicht greifbare Realität.

Das zentrale Thema von Platons Philosophie, das von

Sokrates bereits angedeutet wurde, war seine *Ideenlehre*, besser gesagt seine Theorie der Formen. Diese Theorie umfaßt eine Kosmologie »der zwei Welten«. Die eine ist unsere alltägliche Welt der ständigen Veränderung, die andere eine ideale Welt der idealen »Formen«. Die erste, die »Welt des Werdenden«, ist, wie schon Heraklit behauptete, ständig im Fluß, während die zweite, die »Welt des Seienden«, ewig und unveränderlich ist, wie Parmenides erklärte.

Platons Neuinterpretation war vor allen Dingen deshalb so interessant, weil bei ihm die beiden Welten zum ersten Mal miteinander in Verbindung standen, nicht unverbunden waren, wie Parmenides und einige der Sophisten meinten. Die Welt des Werdenden, also unsere Welt, wurde bestimmt durch eine (»hatte teil an« einer) Welt des Seienden, der Welt der idealen Formen. Diese Formen waren perfekte Vorbilder, Ideale für alles Existierende. So konnte nun das Konzept eines unveränderlichen *logos*, der der Alltagswelt zugrunde liegt, verstanden werden als Idealität der Formen, die die Welt trotz der permanenten Veränderung bestimmten. Außerdem war diese ideale Welt der Formen, anders als bei Parmenides, nicht unerkennbar. Nach Ansicht von Platon konnten wir mit Hilfe der Vernunft zumindest eine Vorstellung von dieser Welt erlangen.

Die wohl eindringlichste Darstellung dieser Formen findet sich in Platons Meisterwerk *Politeia*, im sogenannten »Höhlengleichnis«[1], bei dem es sich sowohl um eine Allegorie über das Verhältnis zwischen der Welt des Seienden und der Welt des Werdenden – den idealen For-

1 Platon. Politeia VII, 514a–521b.

men und den Dingen dieser Welt – als auch um eine Warnung vor den Gefahren handelt, denen der Philosoph ausgesetzt ist. Das Gleichnis beginnt mit einer Gruppe von Gefangenen, die gefesselt, das Gesicht zur Wand, in einer Höhle sitzt. Was diese Gefesselten sehen und was sie für die Realität halten, sind in Wahrheit Schatten, die an die Wand geworfen werden. Das, was wir alle für die Realität halten, meint Sokrates, der das Gleichnis erzählt, sind also letztlich nur Schatten. Zwar sind diese auch real, aber sie sind eben nur die Schatten von Dingen, die noch realer sind. Das heißt, daß es hier nicht wie bei Parmenides um die Unterscheidung zwischen Realität und Illusion geht, sondern um die zwischen dem mehr und dem weniger Realen, einer besseren und einer minderwertigen Welt.

Angenommen nun, einer der Gefesselten, ein Philosoph, würde sich von seinen Fesseln befreien, sich umdrehen und zum ersten Mal die wirklichen Dinge sehen, die die Schatten werfen, und dann die Höhle verlassen und in das strahlende Licht der Sonne hinausgehen. Wäre er nicht geblendet? Würde er nicht sofort erkennen, wie unvollkommen die Schatten der alltäglichen Realität im Vergleich mit der Realität sind, die er nun wahrnimmt? Genauso geblendet ist auch der Philosoph, wenn er die Idealform von Tugend, Gerechtigkeit und Mut erblickt im Vergleich zu den unvollkommenen und meist wirren Gedanken und Handlungen der gewöhnlichen Menschen. Wieviel »höher« müßte sein Streben dann werden. Und wenn besagter Philosoph dann wieder in die Höhle zurückkehren und den Versuch unternehmen würde, den anderen Gefesselten zu erklären, wie arm ihre Welt, wie unvollkommen ihre Ideale sind, würden sie sich dann nicht gegen ihn wenden und ihn ermorden? Die Parallele zu Sokrates' eigenem Schicksal liegt auf der Hand.

Die Theorie der Formen läßt Platons Philosophie ziemlich abstrakt und kosmologisch klingen, doch in Wahrheit war sie vor allen Dingen eine praktische Philosophie, und die *Politeia* ist ein ausgesprochen politisches und polemisches Buch. Natürlich hatte der von Platon darin beschriebene Staat viel mit dem Stadtstaat Athen gemein, aber er wich auch in einigen Punkten, die uns heute noch extrem erscheinen, davon ab: Zum Beispiel war sein Staat keine Demokratie. In dieser Hinsicht waren Platon und Sokrates sich einig. Ihrer Ansicht nach sollten diejenigen herrschen, die dies am besten verstanden und das Wesen der Tugend begriffen, also die Philosophen. In der *Politeia* beschreibt Platon sogenannte Philosophen-Könige, eine Vorstellung, die schon damals verspottet wurde.

Platons Staat ist seltsam autoritär, hierarchisch und gleichzeitig egalitär. Es handelt sich dabei um eine »natürliche« Aristokratie, die auf Begabung, Geburt und Erziehung basiert, um eine wohlwollende Diktatur, in der alle ihren Platz kennen. Diese Form der Gesellschaft stellt nicht den einzelnen oder die individuellen Interessen in den Vordergrund, sondern unterwirft sie dem Gemeinwohl. Platon rät zur Zensur der Künste, beispielsweise zur Verbannung subversiver Dichtkunst, weil der Einfluß der Kunst sich seiner Ansicht nach auf die Vermittlung angemessener gesellschaftlicher Verhaltensweisen beschränken sollte. In dieser Gesellschaft hat der einzelne kein Recht auf Privateigentum; er darf nicht einmal seine Kinder selbst großziehen; die Erziehung übernimmt der Staat. Hier haben Frauen genausoviele

Rechte wie Männer, was für damalige Verhältnisse eine ziemlich gewagte Forderung war. Das Wohlergehen des geringsten Bürgers ist diesem Staat genauso wichtig wie das des höchsten. Nicht einmal die Herrscher sollten sich irgendwelcher Privilegien erfreuen oder eines besonderen Wohlergehens, was angesichts ihrer schweren Verantwortung auch nicht zu erwarten war. Es ging Platon nicht um das Glück einer privilegierten Schicht von Bürgern, sondern um das des gesamten Stadtstaats.

Es fällt schwer, diese antidemokratische Vision der guten Gesellschaft mit Sokrates' Vorbild des guten, aber ein wenig exzentrischen Philosophen in Einklang zu bringen. Doch die *Politeia* ist nicht nur das politische Modell eines imaginären Staates. Sie präsentiert auch eine neue Art des Denkens über uns selbst und die Welt. Wir können die autoritäre Struktur und die Ungleichheit des von Platon beschriebenen Staates ablehnen, ohne die Weltsicht der *Politeia* pauschal zu verwerfen. Wir können auch den extrem metaphysischen Glauben an eine andere Welt der absoluten Ideale ablehnen, ohne das Ideal der Tugendhaftigkeit und die notwendige Kultivierung der Tugenden aufzugeben. Doch Platon hatte, ganz im Sinne von Sokrates, mehr zu bieten als nur einen utopischen Stadtstaat und ziemlich anspruchsvolle metaphysische Gedanken. Ihm verdanken wir auch eine faszinierende Auffassung der menschlichen Seele, die auf eine völlig neue Weltsicht zusteuern sollte.

Wie bereits erwähnt, glaubten die Griechen von Homer bis Demokrit nur in begrenztem Maß an die Seele. Sie waren der Ansicht, daß etwas, nennen wir es einmal ein »Atem«, nötig war, um den Körper zu beleben, und dieses Etwas den Körper mit dem Tod verließ. Aber im

Rahmen dieser Weltsicht brauchte die Seele den Körper ebensosehr wie der Körper die Seele. Ohne Seele war der Körper tot, und ohne Körper war auch die Seele lediglich ein jämmerlicher Schatten ohne Sinn und Wert. Für Sokrates und Platon nun nahm die Seele moralische Bedeutung an. Sie wurde unabhängig vom Körper und wichtiger als dieser. In der *Apologie* stellt Sokrates sich vor, welche Freude es machen wird, im Leben nach dem Tode immer philosophieren zu können, ohne jemals abgelenkt oder unterbrochen zu werden. Aus seiner Sicht erscheint der Tod fast wie ein lange erwarteter Urlaub. Deshalb kann einem guten Menschen auch laut Sokrates letztlich nie etwas Böses widerfahren, selbst wenn er körperlich leiden oder gar sterben muß.

Wenn die Seele nun (zum Teil) der Welt des Seienden angehört, wohnt ihr bereits eine Kenntnis der Formen inne. Das bedeutet, daß unsere Kenntnis von Tugend, Schönheit und dem Guten nicht vom Lernen und der Erziehung abhängig ist; wir werden bereits mit diesem Wissen geboren, es ist uns »angeboren«. Im *Phaidon* läßt Platon Sokrates sagen: »Wenn wir je etwas rein erkennen wollen, müssen wir uns vom Körper losmachen und mit der Seele selbst die Dinge schauen.«[1] So wird die Seele zur Führerin des intellektuellen wie moralischen Lebens. Sie ist das einzige, um das man sich im Leben wirklich kümmern muß.

Als Schüler Platons beschäftigte sich *Aristoteles* (384–322 v. Chr.) natürlich mit der Formentheorie seines Lehrers, verwarf sie aber. Dem Konzept der Tugenden, das

1 Platon. Phaidon, 66 d.

Sokrates vertrat, pflichtete er jedoch bei. Allerdings kritisierte er das Konzept einer »Tugend als solcher« im Sinne der Zweiweltenlehre als ideale Form. Seiner Meinung nach ist die Tugend ein konkreter Aspekt des individuellen Charakters, keine Abstraktion oder ein vom Menschen losgelöstes Ideal.

Aristoteles war in viel höherem Maße Naturwissenschaftler als Platon. Das Schild über der Tür von Platons Akademie riet allen Schülern, Geometrie zu lernen. Das Lyzeum des Aristoteles hingegen war voll von naturwissenschaftlichen Ausstellungsstücken, Stein- und Pflanzensammlungen sowie Tierknochen. Anders als seine Vorgänger mißtraute Aristoteles den Dingen nicht, sondern benutzte sie, um zu beobachten, um Gleichartiges zusammenzustellen und um zu experimentieren, auch wenn er sich manchmal mehr auf die Vernunft als auf die Erfahrung verließ. (Es sollte noch einige Jahrhunderte dauern, bevor Galilei bewies, daß ein großer Stein, entgegen aller Erwartung, auch nicht schneller zu Boden fällt als ein kleiner.)

Aristoteles blickte zurück auf die naturwissenschaftlichen Erkenntnisse der Vorsokratiker und faßte sie zusammen. Er selbst war Kosmologe, Astronom, Meteorologe, Physiker, Geologe, Biologe, Psychologe und außerdem der erste bedeutende Logiker. Viele seiner naturwissenschaftlichen Erkenntnisse sollten noch fünfzehnhundert Jahre nach seinem Tod Gültigkeit besitzen. Deshalb betrachteten die Naturwissenschaftler der vergangenen Jahrhunderte Aristoteles immer mit gemischten Gefühlen. Einerseits hielten sie ihn für einen der größten Naturwissenschaftler, die je auf dieser Erde lebten. Andererseits wurde er zu einem gewaltigen Hindernis für den wissenschaftlichen Fortschritt. Seine Ansichten waren so zentral für die Doktrin der allmächtigen mittelalterlichen Kirche, daß von den seinen abweichende Theorien jahrhundertelang vehement unterdrückt wurden.

Aristoteles verficht im Gegensatz zu Platon eine bodenständige »Einweltphilosophie«. Ähnlich wie Platon versucht Aristoteles, sich gedanklich einen Weg durch die Ideen der Vorsokratiker zu bahnen, um selbst zu einer adäquaten Theorie der Natur des Menschen sowie der Natur im Ganzen zu gelangen. Wie Sokrates geht es ihm hauptsächlich um die Kultivierung der Tugenden, obwohl er im Gegensatz zu Sokrates und in Übereinstimmung mit den anderen Sophisten der Meinung ist, daß man diese vermitteln kann und muß. Allerdings ist dies weder durch ein Philosophieseminar noch durch Bücher möglich. Der Mensch muß mit den Tugenden erzogen werden und sie üben, bis sie ihm zur zweiten Natur werden. Wie immer bei Aristoteles geht es also auch hier erstrangig um den einzelnen im Kontext der Gesellschaft. Hier ist kein Platz und keine Notwendigkeit für eine Theorie der Formen, für eine Theorie einer anderen Welt. Sich an diesen Formen zu orientieren, sagt Aristoteles, bedeutet, sich auf »leere Worte und poetische Metaphern« zurückzuziehen.

Aristoteles hat im Gegensatz zu manchen der Vorsokratiker keinerlei Schwierigkeiten, die Realität der Veränderung zu akzeptieren. Gleichzeitig nimmt er an, daß es eine zugrundeliegende »Materie« geben muß, wenn ein Erkennen der Welt möglich sein soll. Er entscheidet sich nicht für ein Hauptelement (Wasser, Luft, Feuer, *apeiron*) wie die frühen Vorsokratiker oder dafür, ob

Form oder Materie wichtiger ist. Offenbar, so seine Meinung, erfordern die Dinge beides. Allerdings sieht Aristoteles keinerlei Notwendigkeit, sie zu trennen, wie Pythagoras und Platon es taten.

Die Geschichte der Philosophie ist oft als Kampf zwischen dem Vermächtnis von Platon und Aristoteles verstanden worden, obwohl Aristoteles nie eine völlige Abspaltung von Platon, seinem Lehrer und langjährigen Freund, vorhatte. Aristoteles pflichtete Platon bei, daß die Form der Dinge von größter Bedeutung ist. Im Gegensatz zu diesem war er jedoch der Ansicht, daß die Form *von* etwas auch *in* dem Ding steckte, was er *Substanz* nannte. Eine Substanz ist nichts anderes als ein einzelnes Ding – ein Mensch, ein Stein, ein Pferd. Die platonische Form wird bei ihm zur *Essenz*, zu dem, was aus der Substanz erst macht, was sie ist. (Wenn Sokrates seine Haare verliert, ist er immer noch Sokrates. Aber wenn aus Sokrates ein ganz normaler, quakender Frosch wird, ist dieser Frosch nicht mehr Sokrates.) Diese bodenständige Rede von individuellen Substanzen und Essenzen ist für Aristoteles' Philosophie zentral und macht den Rückgriff auf Platons mysteriöse Formenwelt unnötig.

Doch auch Aristoteles' Philosophie impliziert ein »Hinübergreifen«, nicht in einen Bereich jenseits der sinnlichen Erfahrung, sondern in einen Bereich jenseits des aktuellen Zustands der Dinge. Aristoteles betonte, daß die Dinge auch ein *Potential* haben. Ein Samenkorn zum Beispiel läßt sich anhand seiner Form und Materie nicht vollständig begreifen; ein Samenkorn muß immer zusammen mit seinem Potential gesehen werden, zu einer bestimmten Pflanze heranzuwachsen. Um dieses Potential zu verstehen, müssen wir begreifen, daß die

Pflanze einem inneren Prinzip unterliegt, sozusagen einem Muster, das diese Entwicklung steuert. Deshalb ist ein zentraler Aspekt von Aristoteles' Philosophie die sogenannte *Teleologie*, die Zielgerichtetheit der Dinge. Steine zum Beispiel haben ein ziemlich einfaches Ziel, nämlich zu Boden zu fallen, wenn man ihnen Gelegenheit dazu gibt. Pflanzen und Tiere und natürlich auch die Menschen haben entsprechend komplexere Ziele.

Aristoteles' Teleologie gipfelt in seinem Konzept von Gott, den man später abgeklärt »den Gott der Philosophen« nannte. Er ist das höchste Prinzip aller Bewegung, »der erste Beweger«. Aristoteles ermöglicht uns, mehr als alle anderen griechischen Philosophen vor ihm, eine Vorstellung Gottes ohne Anthropomorphismus, eines Gottes, der eher Prinzip ist als Person. Das letzte Ziel des Kosmos, die einzige Form, die in sich selbst und unabhängig von jeglicher Materie existiert, ist Gott, der unbewegte Beweger, der ewig und sich selbst genügend das Ziel ist, auf das alle Dinge durch ihr Potential zustreben. Gott ist die vollkommen realisierte Aktivität, die Aktivität des reinen Denkens, »der Gedanke, der sich selbst denkt«.[1] Die Debatte darüber, was ein solcher Gott mit dem Gott der Christen gemein hat, dauert noch heute an.

Die aristotelische Teleologie findet ihren praktischen Niederschlag in seiner Ethik und seiner Politik. Sie sind untrennbar miteinander verbunden. Wie in Konfuzius' China erfordert das gute Leben – der Dreh- und Angelpunkt der aristotelischen Ethik – die Teilnahme an einer guten Gesellschaft. Doch die Gesellschaft zur Zeit von Aristoteles wurde beherrscht vom freien Bürgertum, das

1 Aristoteles. Metaphysik XII, 9 (1074 b).

sich auf die Sklaverei stützte. Folglich geht es in der Ethik von Aristoteles vorrangig um die Tugendhaftigkeit und das Wohlergehen einer höchst privilegierten Schicht. Und seine Politik beginnt trotz ihrer vielen positiven Aspekte (zum Beispiel ist sie weit demokratischer als die Platons) mit einer Verteidigung der Sklaverei.

Dennoch hat Aristoteles uns in Bezug auf Politik und Ethik Beachtliches zu sagen: Die aristotelische Ethik bestimmt sich aus den »Zielen des Menschseins«. Menschen haben Ziele, nicht nur unmittelbare – beispielsweise das Erreichen eines Busses, das berufliche Vorankommen oder das Erklettern eines Berges –, sondern auch ein letztes natürliches Ziel, ein Ziel, das Aristoteles zufolge allgemein als »Glück« oder genauer als »Wohlergehen« anerkannt wird. (Das griechische Wort lautet *eudaimonia*, was oft mit »Wohlergehen« oder »glücklichem Leben« übersetzt wird.) Die *Nikomachische Ethik* des Aristoteles ist folglich eine Analyse des wahren Wesens des Glücks und seiner wesentlichen Bestandteile, insbesondere Vernunft und Tugend. Glück, so Aristoteles, ist schlichtweg die Bezeichnung für das gute Leben – das heißt für jene Art von Leben, die unserem eigentlichen Ziel, unserer »Funktion«, entspricht.

Laut Aristoteles ist Glück nicht identisch mit einem angenehmen Leben. Manche Annehmlichkeiten sind demütigend, und – noch wichtiger – das Angenehme ist nur eine Begleiterscheinung der befriedigenden Aktivität, nicht das eigentliche Ziel dieser Aktivität. Das gute Leben definiert sich nicht über Wohlstand, der lediglich ein Mittel zum Glück ist; es definiert sich auch nicht über Ehre, Macht oder Erfolg, weil all das von den Launen anderer abhängig ist. Glück im richtigen Sinne verstanden sollte ein Zweck in sich selbst sein und sich selbst genügen. Gegen Platons Definition des Guten als Form grenzt sich Aristoteles wieder einmal deutlich ab.

Aristoteles charakterisiert das Glück als *ein Leben tugendhafter Aktivität im Einklang mit der Vernunft*. Ein gutes Leben ist ein aktives Leben. Ein gutes Leben ist erfüllt mit Freunden. (»Keiner würde sich freiwillig dafür entscheiden, ohne Freunde zu leben.«[1]) Es ist ein Leben, das an der Gemeinschaft teilhat. Es ist außerdem ein Leben, das sich mit der philosophischen Aktivität der Kontemplation befaßt.

Als wichtigste Aktivitäten empfiehlt Aristoteles diejenigen, die Ausdruck der Tugenden sind. Hier sollte man erwähnen, daß das griechische Wort für Tugend (*areté*) sich auch als »herausragende Qualität« übersetzen läßt; die Tugend ist folglich eine Charaktereigenschaft, die einen Menschen zu einer herausragenden Persönlichkeit werden läßt. Die Tugenden, mit denen Aristoteles sich beschäftigt, sind vor allem Mut, Mäßigung, Gerechtigkeitssinn, Sinn für Humor, Wahrheitsliebe und Freundlichkeit, kurz: Aristoteles stellt sich einen Menschen vor, mit dem es sich gut leben läßt. Diese Aufzählung von Tugenden legt keinen besonderen Wert auf Moral; weder Aristoteles noch irgendeiner der anderen griechischen Philosophen hatte jenen ganz spezifischen Sinn für »Moral«, der heutzutage einen so großen Teil der ethischen Diskussion ausmacht. Aristoteles geht sogar davon aus, daß der tugendhafte Mensch *Freude* an seiner Tugendhaftigkeit hat. Es besteht kein Widerspruch zwischen dem, was man tun möchte, und dem, was man

1 Aristoteles. Nikomachische Ethik VIII, 1 (1155 a).

tun soll, keine Spannung zwischen der Tugend und den eigenen Interessen. Das ist mehr als die übliche griechische Forderung nach »Mäßigung«. Die Tugendhaftigkeit erfordert die optimale Ausgewogenheit des Verhaltens, den »Mittelweg zwischen den Extremen«, ähnlich wie Schönheit Symmetrie und Ordnung voraussetzt.

Rauhe See: Nach Aristoteles

Die praktisch orientierten Römer fanden weniger Gefallen an der Philosophie als die eher geistig orientierten Griechen, weshalb einige römische Philosophen ein tragisches Schicksal erlitten. Exemplarisch ist das Schicksal Senecas: Seneca, der zur Zeit des Tyrannen Nero lebte und einer der führenden Denker Roms war, erhielt den Befehl, Selbstmord zu begehen, und er brachte sich um. Die Philosophie der Griechen und Römer zielte darauf ab, mit solchen Tragödien und Ungerechtigkeiten fertig zu werden; ein durchgängiges Thema war, wie man sich mit Hilfe der Vernunft von den Absurditäten des Lebens distanzierte.

In der hellenistischen Philosophie[1] florierten die verschiedensten Schulen, zum Beispiel der Neuplatonismus, der direkt zum Christentum führte, und der Epikureismus, der von *Epikur* (341–277 v. Chr.), einem Anhänger Demokrits, gegründet wurde. Epikur erwarb sich einen zweifelhaften Ruf als Lebemann. (Als »Epikureer« be-

1 Gewöhnlich bezeichnet man die Zeit nach Alexander dem Großen als »hellenistisch«; wir benutzen den Terminus zur Kennzeichnung der Philosophie nach Aristoteles.

zeichnet man heute einen Menschen, der sich ganz den Sinnesfreuden hingibt und den Luxus genießt, bisweilen sogar im Übermaß.) Doch das, woran Epikur tatsächlich glaubte, war Gelassenheit (*ataraxia*). Er akzeptierte die Hingabe an die Sinnesfreuden zwar als etwas völlig Natürliches, erhob sie aber nicht zum Sinn des Lebens. Sein Hauptziel war die Befreiung von allen Ängsten, eben die Gelassenheit. Der Weise, so Epikur, solle im Leben nichts zu befürchten haben. Selbst der Tod sei nichts, und als solches stelle er auch keine Bedrohung dar.

Eine weitere große hellenistische Schule, der sogenannte *Stoizismus*, wurde zur erfolgreichsten und dauerhaftesten Strömung in der griechisch-römischen Philosophie. Manche Stoiker tauchten kurz nach Aristoteles auf, zu erwähnen sind hier *Zenon* (336–265 v. Chr., nicht zu verwechseln mit dem Schüler von Parmenides) und Chrysippos (281–205 v. Chr.). Spätere Stoiker lehrten dann während der Blütezeit und des Verfalls des Römischen Reiches. Ihr Grundtenor »Das Leben ist hart« sprach nicht nur die Leidgeprüften – wie zum Beispiel den Sklaven *Epiktet* (50–125 n. Chr.) – an, sondern auch die an der Spitze der Macht. Einer der führenden Stoiker, *Mark Aurel* (Marcus Aurelius, 121–180 n. Chr.), war sogar Kaiser von Rom.

Die Stoiker lassen sich durch ihren fast schon fanatischen Glauben an die Vernunft charakterisieren. Sie waren es, die vor allem den alten Antagonismus zwischen Vernunft und Gefühl geschürt haben. Gefühle, so die Stoiker, seien irrationale Meinungen, die uns nur frustriert und unglücklich machen. Ähnliches hatte Buddha einige Jahrhunderte zuvor und viele Kilometer weiter im Osten gelehrt: Minimiere deine Begierden, dann minimiert sich auch dein Leiden. Der Stoiker Epiktet drückte es ganz ähnlich aus: »Verlange nicht, daß die Dinge so eintreten, wie du sie dir wünschst, sondern wünsche sie dir so, wie sie passieren, dann kommst du gut zurecht.«[1]

Die Stoiker glaubten in einer chaotischen Welt zu leben, in der Eitelkeit, Dummheit und Gewalt regierten. Trotzdem hielten sie den Glauben an ein rationales Universum aufrecht, wie irrational oder absurd es den Menschen auch erscheinen mochte. Sie lehrten, daß wir »im Einklang mit der Natur« leben sollen, aber die Natur entspeche der Vernunft, nicht unseren Gefühlen. Das philosophische Ideal der Stoiker läßt sich mit dem Begriff der Gleichgültigkeit oder Apathie, *apatheia*, beschreiben. Zorn hat ihrer Ansicht nach keinen Sinn und führt nur zur Selbstzerstörung. Liebe oder sogar Freundschaft können gefährlich sein. Der Weise läßt sich so wenig wie möglich auf Beziehungen zu seinen Mitmenschen ein und sollte sich nicht vor Schicksalsschlägen oder dem Tod fürchten.

Der Stoizismus war eine extreme Philosophie, aber eine, die vielen Menschen in schwierigen Zeiten helfen sollte. Sie wurde in Rom und im Römischen Reich ausgesprochen populär. Sogar die frühen Christen ließen sich durch das stoische Ideal der Askese und Selbstverleugnung beeinflussen.

Der *Skeptizismus*, der sich von *Pyrrhon* (360–271 v. Chr.) bis zu *Sextus Empiricus* (drittes Jahrhundert n. Chr.) in Rom, dem eigentlichen Begründer der Schule, verfolgen läßt, geht sogar noch einen Schritt weiter:

1 Vgl. Epiktet. Diatriben oder dissertationes I, 12, 15 ff.

Pyrrhon lehrte, daß jeglicher Glaube Unsinn ist, daß man nichts wissen kann. Er war berühmt für seine Tollkühnheit – er ging gern am Rand von Klippen entlang, lief fast in herannahende Gefährte, aß unregelmäßig und überlebte nur, weil seine Freunde und Schüler sich um ihn kümmerten. Trotzdem wurde er fast neunzig Jahre alt. Die Skeptiker erachteten die Stoiker als »dogmatisch« und argumentierten, daß jeglicher Glaube, sogar der Glaube an die Vernunft, illusorisch ist und sich nicht rechtfertigen läßt. Auch dieser Glaube war eine Art Therapie, eine Methode der Selbstdistanzierung, eine Möglichkeit, Gelassenheit zu erlangen und sich von jeglicher Furcht zu befreien. Insofern unterschied sich dieser Skeptizismus deutlich von dem unserer heutigen Zeit. Für die Skeptiker der Antike war der alles durchdringende Zweifel Weisheit, eine vernünftige Art zu leben.

Vor der »Entdeckung« Schwarzafrikas und des amerikanischen Kontinents

Ohne daß die Griechen und Römer, Inder, Chinesen und großen Kulturen des Nahen Ostens etwas davon geahnt hätten, erlebten auch anderswo Kulturen ihre Blütezeit, mit anderen Ideen und Traditionen und anderen Vorstellungen von der Welt. Einige von ihnen, besonders diejenigen in Mittelamerika, sind in ihrer Bedeutung durchaus dem Wunder des alten Ägypten vergleichbar.

Doch wer sich mit den afrikanischen und amerikanischen Kulturen beschäftigen möchte, stößt schon bald auf das Problem, daß von dort keine schriftlichen Aufzeichnungen überliefert sind. Vielerorts wurden diese Aufzeichnungen zusammen mit den betreffenden Kulturen vernichtet. Die mexikanischen Azteken beispielsweise hatten eine berühmte Philosophenschule mit dem Namen *tlamatinime* (»Kenner der Dinge«). Doch übrig blieben nur Fragmente ihrer Lehren, hauptsächlich deshalb, weil die spanischen Konquistadoren wissentlich und willentlich die meisten ihrer Schriften vernichteten.

Noch mehr Probleme tauchen bei den Kulturen auf, deren Mythen ausschließlich mündlich tradiert wurden. Wenn sie ausstarben oder von Kolonialherren überrannt wurden, verschwand im Regelfall auch ihre mündliche Tradition. Daher wissen wir nicht, wie lange solche Kulturen in Südamerika existierten oder wann beziehungsweise wie sie sich entwickelten. Wir wissen auch nicht, wie alt die verlassenen alten Städte im zentralafrikanischen Regenwald sind oder wie lange die Navajos, die Hopi, die Ojibwa, die Apatschen, die Seminolen, die Irokesen und Hunderte anderer Indianerstämme in Nordamerika lebten. Es gibt archäologische Hinweise darauf, daß Nordamerika bereits vor Tausenden von Jahren besiedelt war; dasselbe gilt für den gesamten afrikanischen Kontinent. Daß es diesen afrikanischen und amerikanischen Kulturen an Geschichte zu mangeln scheint, ist eher auf ein Fehlen von schriftlichen Aufzeichnungen zurückzuführen als auf irgendwelche Beweise dafür, daß sie überhaupt keine nennenswerte Philosophie besaßen.

Doch wir finden langsam immer mehr über diese verschiedenen faszinierenden Weltkulturen heraus. Wir können hier nur ein paar grundsätzliche Punkte nennen: In Afrika zum Beispiel existierten Hunderte unterschiedlicher Kulturen und Sprachen. Trotzdem läßt sich ein großer Teil des präkolonialen afrikanischen Denkens mit Hilfe der beiden Begriffe »Stammeswesen« und »Einklang mit der Natur« umschreiben.

Das Stammeswesen sieht die Identität und Bedeutung des einzelnen ausschließlich im Zusammenhang mit der Familie oder Gemeinschaft. Für einen Angehörigen der zeitgenössischen westlichen Kultur, in der ein radikaler Individualismus herrscht, mag das seltsam klingen. Doch für Angehörige der konfuzianischen Kulturen Asiens und für die zahlreichen Stammesgemeinschaften in Afrika, auf dem amerikanischen Kontinent oder im Südpazifik wäre ein isoliertes Individuum, dem die Anwesenheit von und die unantastbaren Bindungen an Verwandte abgehen, hoffnungslos verloren.

Die traditionellen afrikanischen Stämme sehen die Persönlichkeit als etwas an, das sich im Lauf der Zeit dadurch entwickelt, daß man Teil seiner Gemeinschaft wird. In diesem Prozeß spielt, ähnlich wie in China, das Ritual eine wichtige Rolle. Eine Persönlichkeit zu werden, ist eine Leistung. Geburt und Tod markieren nicht den Anfang und das Ende eines Lebens. Ein Neugeborenes ist noch keine Person, während ein Verschiedener nach wie vor in der Erinnerung seiner Nachkommen als Person weiterlebt. Der einzelne wird durch Initiationsriten in die Stammesgemeinschaft aufgenommen und so zur vollwertigen Person. Im Verlauf seines Lebens nimmt er an weiteren Riten und Zeremonien teil, die den Rhythmus seines Lebens an den der Gemeinschaft angleichen.

Die westliche Vorstellung von einer individuellen, unteilbaren Seele ist dem traditionellen afrikanischen Denken im Regelfalle fremd. In manchen Stämmen, zum Beispiel bei den Yoruba (sie leben heute hauptsächlich in Nigeria) oder den Lugbara (heute hauptsächlich in Uganda), spiegelt sich die gemeinschaftliche Basis der Person in der Vorstellung vom Menschen als Mischung zahlreicher spiritueller Elemente, die alle wesentlich für das Leben einer Person sind. Bei den Yoruba beispielsweise können die Seelen der Vorfahren in ihren Nachfahren wiederkehren, manchmal sogar immer wieder. Die Yoruba glauben so wenig an eine isolierte, individuelle Seele, daß ihrer Ansicht nach unmittelbare Nachfahren die Reinkarnation der Seele ihrer Mutter oder ihres Vaters sein können, selbst wenn diese noch am Leben sind.

Angesichts dieser Auffassung von Identität verwundert es nicht, daß in afrikanischen Stämmen so großes Gewicht gelegt wird auf die Verehrung der Vorfahren, die nach allgemeiner Ansicht in der Geisterwelt weiterleben und in der Lage sind, ihren Nachfahren beizustehen. Und die afrikanische Einstellung zur Natur (das gilt in ähnlicher Form übrigens auch für die Stämme Nordamerikas und der Südpazifikregion) fußt schon seit Tausenden von Jahren auf einer philosophischen Perspektive, die wir im Westen erst jetzt zu diskutieren beginnen: Ihr zufolge lebt der Mensch nicht hier auf der Erde, um alle anderen Lebewesen und Dinge zu beherrschen, wie es in der Genesis heißt und später von Francis Bacon neu formuliert wurde. Vielmehr sind wir Teil der Erde und genauso abhängig von ihr, wie sie von uns abhängt. Wir haben eine ökologische Verantwortung; die Welt um uns herum, also die »Natur«, ist nicht nur Rohstofflieferant oder Quelle der ästhetischen oder wissenschaftlichen Faszination. Kurz: Wir *sind* Natur.

Und wir sind nicht allein. Afrikanische und indianische Stammesgemeinschaften hängen dem sogenannten *Animismus*, also dem Glauben an, daß allen möglichen Dingen der Natur Seelen innewohnen, die oft als die Seelen der Vorfahren, an die man sich nicht mehr im einzelnen erinnert, verstanden werden. Für die meisten Afrikaner ist die Natur voll von lebenden Mächten. Geister wohnen darin, und der Mensch kann in gewissem Maße Kontakt mit ihnen aufnehmen, ihre Kraft für sich nutzen oder sie vertreiben. Die afrikanische Überzeugung, daß der Mensch aufs engste mit der Natur verbunden ist, ist Teil des traditionellen Glaubens, daß die Natur im wesentlichen spirituell ist.

Die Jäger unter den nordamerikanischen Indianerstämmen erkannten an, daß sie in der Schuld der Tiere standen, die ihnen ihre Nahrung lieferten. Ihrer Ansicht nach war das Töten eines anderen Lebewesens kein Recht, sondern eine Notwendigkeit, die Dankbarkeit und Hochachtung erforderte.

Der Dreh- und Angelpunkt des mittelamerikanischen Denkens war der Glaube an drei Zeit- und Realitätsebenen: die gewöhnliche, die mythische und die göttliche. Die mythische und die göttliche Realitätsebene hatten spürbare Auswirkungen auf die gewöhnliche Ebene der menschlichen Erfahrung, und zwar zu vorhersehbaren Zeiten. Dieser Glaube führte zur Entwicklung ausgeklügelter Kalender und zu ausgedehnten astronomischen Beobachtungen. Die Balance zwischen den verschiedenen Ebenen der Realität war so labil, daß der Mensch Verantwortung für die Erhaltung der kosmischen Ordnung übernehmen mußte. Die Mayas, Inkas, Azteken und andere glaubten, daß das Universum nur dann weiter existieren konnte, wenn der Mensch bestimmte Rituale vollzog und bereit war, sich selbst zu opfern. Ähnlich wie Thales und die alten Babylonier das Wasser als Stoff des Lebens erachteten, war für die Mayas und die Azteken Blut die grundlegende Lebenskraft.

Daraus erklärt sich eines der bekanntesten und schrecklichsten aztekischen Rituale, das des Menschenopfers im großen Rahmen. Auch die Könige und Königinnen der Mayas fügten sich regelmäßig selbst so schwere Verletzungen zu, daß sie genug Blut verloren, um religiöse Visionen zu haben. Sie begriffen diese Opfer als Wiedergutmachung an die Götter, die sich selbst geopfert hatten, um die Welt zu schaffen. Bei den Azteken nahmen diese Opfer gewalttätigere Dimensionen an, denn sie brachten nicht nur gefangene Feinde, sondern auch Kinder aus den angesehensten eigenen Familien den Göttern dar. Eine Theorie besagt, daß die Azteken nur deshalb von den spanischen Invasoren überrannt wurden, weil sie den Göttern in dem Glauben, diese hätten sich gegen sie gewandt, so viele ihrer besten jungen Krieger opferten.

Dennoch zeichnete sich – trotz aller Grausamkeiten – die Religion der mittelamerikanischen Stämme anders als die der europäischen Invasoren auch durch einen grundlegenden Sinn für Humor aus. Ähnlich wie im Hinduismus und im alten Griechenland spielte der »Narr« (manchmal als Kojote oder Fuchs dargestellt) eine wichtige Blitzableiterrolle in der Philosophie. Zu den wesentlichen Aspekten der Realität gehört es schließlich – das vergessen wir nur zu gern –, daß sie uns foppen, überraschen und uns zum Narren machen kann.

Die ersten Bemühungen, die Realität zu erforschen und zu beherrschen, führten dazu, daß der Mensch die Grenzen seines Wissens entdeckte. Doch die Philosophen versuchten immer wieder, diese Grenzen zu überschreiten. In der westlichen Welt setzten Christentum und Islam die alte Debatte um Glauben und Vernunft fort, die ihren Ursprung im Denken der Hebräer und einigen exotischeren Theorien der Griechen hatte. In der östlichen Welt führte man indessen die Diskussion über Intellekt und mystische Erfahrung weiter. Doch es konnte ja auch sein, daß Protagoras und nicht Platon recht hatte, daß nämlich die menschliche Perspektive das Maß, wenn nicht die Grenze allen menschlichen Wissens ist. Die Bemühungen, die menschlichen Bedingtheiten zu transzendieren, konnten nur gedeihen, bis der Humanismus die Unausweichlichkeit des Menschlichen ins Zentrum rückte.

Glaube und Vernunft

Die Entstehung des Christentums

Der philosophische Hintergrund des Christentums ist nicht nur bei den alten Hebräern, sondern indirekt auch im philosophischen Gedankengut Griechenlands und des Nahen Ostens zu suchen. Ähnlich wie der Buddhismus und der Konfuzianismus entwickelte sich das Christentum um eine einzelne herausragende Persönlichkeit herum, eben um *Jesus von Nazareth*, der, wie wir heute wissen, etwa von 5 v. Chr. bis 30 n. Chr. im damals zum Römischen Reich gehörigen Palästina lebte. Doch anders als Buddha und Konfuzius war er mehr als ein Mensch, ja sogar mehr als nur göttlich. Er war Gott.

Jesus trat in Jerusalem als der *Messias* auf. (Das Wort »Messias« bedeutet genau wie das griechische Wort »Christos« »der Gesalbte«.) Seine Kreuzigung durch die römischen Herrscher markierte einen der großen Wendepunkte des westlichen Denkens. Philosophisch relevant ist, daß Jesus Gottes Gnade und Vergebung betonte, nicht Gottes Zorn wie die Hebräer im Alten Testament. Er zog Gottes zuweilen unvorhersehbares Gericht nie in Zweifel und reagierte trotzdem besonders kritisch auf diejenigen, die Gottes Gerechtigkeit beschworen, weil sie sich als besonders würdig erachteten. Er betonte demgegenüber, er sei der einzige Weg zu Gott.

Die Lehren von Jesus drehten sich um Themen, die bereits im Mittelpunkt des jüdischen Denkens standen –

zum Beispiel die Liebe und wie wichtig es ist, den Unglücklichen zu helfen. Doch er vertrat auch die alles andere als orthodoxe These, daß das Entscheidende am jüdischen Gesetz sei, daß man Gott von ganzem Herzen liebe und seinen Nächsten liebe wie sich selbst. Diese Betonung der Liebe wird von den Christen zum neuen Gesetz erhoben, zum *Gesetz der Liebe*. Jesus stand denjenigen kritisch gegenüber, die viel Wind um ihre Frömmigkeit machten, aber kein Mitleid zeigten. Auch dieses Thema geht auf das Alte Testament der Hebräer zurück.

Wie die Juden gingen die Christen davon aus, daß es einen Gott gibt, der die Welt aus dem Nichts erschuf. Trotz ihres grundsätzlichen Monotheismus begriffen sie diesen Gott nicht als eine, sondern als drei Personen in Einem, als *Heilige Dreieinigkeit*. Eine dieser Personen, der Vater, wird ganz ähnlich charakterisiert wie der jüdische Gott; die Betonung liegt dabei auf seiner Macht und seiner Rolle in der Schöpfung. Die zweite, der Sohn, ist die Manifestation Gottes in Gestalt von Jesus Christus, der menschgewordene Gott. Die dritte ist der *Heilige Geist*, oft als Immanenz Gottes unter den Menschen beschrieben. Das Geheimnis des menschgewordenen Gottes, der sich entschied, geboren zu werden und zu sterben, ist die sogenannte *Inkarnation* oder Fleischwerdung. Dieser Gedanke wirkte nach der jahrhundertelangen Betonung der Juden, daß Gott sich von den Menschen unterscheide, besonders schockierend. Auch die Idee, daß Gott in irgendeiner Hinsicht *immanent*, also unter den Menschen ist, unterschied sich deutlich von der strikt transzendenten Vorstellung der Hebräer von Gott (wenn auch die Vorstellung der Immanenz im philosophischen Gedankengut Asiens schon lange vertraut war).

Das Christentum beschäftigte sich ähnlich wie das Judentum und die Anhänger Zarathustras besonders intensiv mit dem Problem der Theodizee, dem vielen Leiden in einer Welt, über die ein wohlgesonnener (nun liebender) Gott wachte. Die Christen erklären die Herrschaft des Bösen genau wie die Juden als Folge der menschlichen Sündhaftigkeit. So betrachten die Christen die Genesis und die Geschichte von Adam und Eva und dem Sündenfall als Erklärung dafür, wie das Böse in die Welt kam. Das Neue an der christlichen Auffassung des Leidens ist die Annahme, daß erst Jesus Christus, der selbst frei von Sünde war, die Menschheit durch seinen Tod von ihren Sünden befreite. Jesus nahm die Schuld der Menschheit auf sich und sühnte sie durch sein Leiden. Dieser tiefgreifende Gedanke wirkt im Kontext der langen jüdischen Tradition von Schuld und Selbstbeschuldigung ausgesprochen erleichternd. Doch vom alltäglichen Verständnis der Gerechtigkeit und Sühne aus betrachtet, ist er auch eine ziemlich komplizierte Vorstellung.

Nach Ansicht der Evangelien eröffnet der Opfertod Jesu den Weg zur Erlösung, die nun als ein ewiges Leben in der Einheit mit Gott verstanden wird. Folglich ist die Kreuzigung für die Christen so etwas wie eine Richtigstellung zwischen Gott und der Menschheit. Das *Leben nach dem Tode*, das nie zu den offiziellen Glaubenssätzen der Juden gehört hatte, wurde zu einem der Eckpfeiler der christlichen Doktrin. Der Gedanke der individuellen Erlösung wurde zu einem Grundstein der christlichen Philosophie. Zur wichtigsten Frage der christlichen Theologie wurde: Wie erlangt man das Seelenheil? Unterdessen sollte die Lehre von der Heiligen Dreieinigkeit in ein spannungsgeladenes Verhältnis zu der Auffassung des einen Gottes geraten.

Weil Judentum und Christentum sich als Religion stark auf das geschriebene Wort, nämlich das Alte Testament einerseits und die Evangelien andererseits, stützten, ergaben sich bald wichtige Fragen der Interpretation. Sowohl die jüdischen Gelehrten als auch die hellenistische Philosophie warfen die Frage auf, welche Rolle die Vernunft in der Deutung der Heiligen Schrift spielen sollte. Konnte die Vernunft dem Menschen das Rüstzeug für diese Interpretation an die Hand geben? Wenn eine These das rationale Begreifen überstieg, wie es der Gedanke des menschgewordenen Gottes tat, sollte die Vernunft dann dem Glauben Platz machen oder umgekehrt? Die Geschichte des Judentums schien auf den Schluß zu verweisen, daß der Glaube die letzte Instanz ist. Die dialektische Auseinandersetzung der jüdischen Rabbiner und der hellenistischen Philosophen hingegen räumte der Vernunft einen wichtigen Platz ein.

Diese Auseinandersetzung spitzte sich bereits zu, als die jüdische Religion in den letzten Jahrhunderten v. Chr. in direkten Widerstreit mit der hellenistischen Philosophie trat. *Philos* (20 v. Chr. – 40 n. Chr.) war einer der ersten jüdischen Denker, die sich bei ihren Bemühungen, die Bibel angemessen zu deuten, auf die hellenistische Philosophie bezogen. Er lebte in Alexandria, dem Zentrum der hellenistischen Kultur, und war sich deshalb der beiden Traditionen, die dort aufeinanderprallten, besonders bewußt. Als Jude hing er dem Monotheismus an und wehrte sich gegen die Assimilation. Doch die Kultur und die philosophische Tradition, mit denen er aufgewachsen war, waren eindeutig griechisch. Die Frage, ob man seine jüdische Identität beibehalten oder sich in der dominanten Kultur assimilieren soll, führte zu einer der am längsten andauernden Diskussionen in der jüdischen Geschichte, denn hier geht es um den Kern der Frage nach der eigenen Identität.

Diese Frage spornte Philos' Versuch an, das jüdische Denken in griechische Begriffe zu fassen und mit der Vernunft in Einklang zu bringen. Philos interpretierte die Geschichten der Bibel als mythische Aussagen über das Wesen der *conditio humana* und der Beziehung des Menschen zu Gott. Philos ging weiterhin davon aus, daß die griechischen Philosophen von demselben Gott inspiriert worden waren, der sich in der Heiligen Schrift offenbarte. Philos spielte bewußt die Wunder in der Bibel und jene Stellen herunter, die die Juden als einzigartiges, »auserwähltes« Volk ausweisen. Ähnlich wie die Stoiker nahm auch Philos an, Gott durchdringe die Welt derart, daß ein göttlicher Funke in jedem Menschen zu spüren ist. Gott selbst ist zwar transzendent, aber durch den *logos* (die der Welt zugrundeliegende Struktur) mit der materiellen Welt verbunden. Platon hatte in seinen Dialogen die blendende Einsicht beschrieben, die schon der kurze Blick auf die Formen verschafft, und auch viele Juden glaubten, daß man sich an einer mystischen Vision von Gott orientieren solle. Es ist leicht nachzuvollziehen, daß diese beiden Gedanken gut zueinander paßten und daß aus Platons »Gutem« später der christliche Gott werden konnte. Doch die menschliche Vernunft hatte ihre Grenzen. Das Wesen Gottes ließ sich mit ihrer Hilfe nicht erfassen. Mit anderen Worten: Die Vernunft mußte durch den Glauben ergänzt werden.

Philos' Philosophie lag den frühen Christen besonders nahe. Während das Christentum begann, aktiv neue Anhänger zu rekrutieren, erleichterte Philos' hellenistische Interpretation des hebräischen Gottes den Griechen den Zugang zu der neuen Religion. Doch diese abstrakte platonische Interpretation allein reichte nicht. Es waren auch noch eine attraktive Präsentation der Bedeutung des Christentums für das persönliche Heil und eine verständliche Deutung des Gedankens vom menschgewordenen Gott nötig. Diese lieferte in den frühen Tagen des Christentums *Paulus* (ca. 10 v. Chr. – 65 n. Chr.).

Paulus war wie Philos ein hellenisierter Jude. Als junger Mann (noch mit Namen Saulus) verfolgte er die Christen voller Haß, doch nach seiner Bekehrung setzte er sich genauso eifrig für seinen neuen Glauben ein. Paulus behauptete, während eines Ritts nach Damaskus von seinem Pferd gestürzt und von einer Stimme gefragt worden zu sein: »Saul, Saul, warum verfolgst du mich?«[1] Nach diesem Erlebnis trat Paulus zum Christentum über und verfocht von nun an eine universalistische Sicht des Christentums. Seiner Meinung nach sollte die neue Religion nicht zwischen Griechen und Juden unterscheiden, denn schließlich gab es keine Sonderbedingungen für das »auserwählte Volk«. Paulus interpretierte als erster Jesus als Sohn Gottes und führte auch die Vorstellung vom Heiligen Geist ein, der der Gemeinschaft der Gläu-

1 Apostelgeschichte 9, 4.

bigen die Gnade Gottes übermittelte. Die Gnade ist einerseits ein Segen Gottes und andererseits der Schlüssel zur Erlösung. Es war Paulus, der die Kreuzigung Jesu als *Sühne* für alle menschlichen Sünden auslegte. Gott werde entscheiden, wer gerettet werden soll, sagte er und ging wie die meisten frühen Christen von einer baldigen Wiederkunft Christi aus.

Neuplatonismus, Augustinus und die Innerlichkeit

Das griechische Denken hatte starken Einfluß auf das des Christentums, vermittelt durch eine philosophische Strömung, die auf Platons Gedanken basierte und *Neuplatonismus* genannt wird. (Dieser Neuplatonismus war, wie wir später noch sehen werden, nicht nur sehr wichtig für das Christentum, sondern auch für den Islam.) Der einflußreichste neuplatonische Denker war *Plotin* (ca. 205–269). Er betonte die religiösen Aspekte in Platons Philosophie und erleichterte so die Vereinigung der platonischen Metaphysik mit der christlichen Theologie. Zum Beispiel interpretierte er die platonische Form des Guten als den Höchsten Geist und legte somit wiederum eine Deutung des Guten als christlicher Gott nahe. Dieser Höchste Geist war mit der Selbstkontemplation beschäftigt, und die Schöpfung entstand sozusagen als Überfluß seines Denkens. Mit anderen Worten: Die Schöpfung war eine *Emanation*, ein »Ausfluß« von Gottes Denken. Deshalb wird Plotins Theorie oft als *Emanationstheorie* beschrieben.

Anders als Platon, der die materielle Welt als geringere Realität herabwürdigte (indem er sie mit den Schatten in einer Höhle verglich), meinte Plotin, die materielle Welt selbst sei spirituell, eben der Gedanke eines vollkommen spirituellen Geistes. Allerdings nahm er eine hierarchische Ordnung der Emanationen an, wobei jeweils die eine Stufe des Seienden aus einer anderen hervorgeht. Der Geist, die höchste Form das Daseins, geht unmittelbar aus dem göttlichen Einen hervor. Der Geist erhellt Platons Formen, die Objekte der Kontemplation jenes Göttlichen. Aus diesem Geist geht die Seele hervor und leitet das Leben in der Welt, indem sie über sich selbst hinausgreift, die Materie beseelt. Die Materie ist die niedrigste Stufe der Emanationen.

In den ersten Jahrhunderten des Christentums fand diese Theorie großen Anklang, weil sie sowohl philosophische als auch religiöse Bedürfnisse befriedigte. Platon hatte das göttliche einfach vom materiellen Reich abgetrennt, ohne viel zu ihrem Verhältnis zueinander zu sagen. Dies versucht das Emanationsmodell zu erklären. Plotins Theorie ist auch deshalb attraktiv, weil sie nicht versucht, der platonischen Beschreibung der Welt ihre »Rätselhaftigkeit« zu nehmen, und eine erstaunlich positive Botschaft verkündet. Plotins Ansicht nach ist die menschliche Seele bereits in gewisser Hinsicht göttlich, und sogar die Alltagswelt ist beseelt. Außerdem existiert in seiner Welt kein Böses, so daß es auch kein Theodizee-Problem geben kann. Wir begegnen lediglich einer Abwesenheit des Guten, die sich durch menschliches Bemühen ausgleichen läßt.

Augustinus (354–430) baute Plotins Botschaft noch aus, daß das Böse lediglich eine Abwesenheit des Guten sei. Nach einer Jugend voller Lust und Sinnlichkeit begann

Augustinus eine Lösung für das Problem des Bösen zu suchen. Zuerst zog ihn die Lösung der Manichäer an, die ähnlich wie Zarathustra die Welt für die Manifestation eines heftigen Kampfes zwischen Gut und Böse hielten. Doch schon bald war Augustinus von dieser Sicht der Dinge enttäuscht und wandte sich den Werken von Platon und Plotin zu. Nach seiner Bekehrung zum Christentum im Alter von dreiunddreißig Jahren widmete er sich voll und ganz der Aufgabe, die christliche Doktrin mit der platonischen und neuplatonischen Philosophie in Einklang zu bringen. Von Plotin übernahm Augustinus die Ansicht, daß die eigentliche Realität spirituell ist und alles Seiende von Gott stammt. Er verstand Plotins stufenweises Emanationsmodell vor dem Hintergrund der christlichen Lehre von der Dreieinigkeit. Wie Platon war er der Meinung, daß ein Leben der Kontemplation der einzige Weg zu Wissen und Glück sei. Und als Christ ging er davon aus, daß die Bibel die einzig richtige Anleitung zur Offenbarung ist.

Gott hatte den Menschen und alle anderen Wesen vollkommen erschaffen und ihnen ein Wesen verliehen, das dazu beschaffen war, ihnen bei der Verfolgung ihrer natürlichen (und im Falle des Menschen) auch übernatürlichen Ziele zu helfen. Nach Ansicht von Augustinus hatten seine griechischen Vorläufer die natürlichen Ziele der Menschen zwar ganz angemessen beschrieben, waren aber hinsichtlich ihrer übernatürlichen Bestimmung, einer mystischen Vereinigung mit Gott in einem Zustand der Seligkeit, verblendet gewesen oder hatten sich doch zumindest unklar ausgedrückt. Er brachte mehrere Lösungen für das Theodizeeproblem in Anschlag (das nach Meinung von Augustinus nicht von Plotin gelöst worden war). Auch wenn das von Naturkatastrophen verursachte Leiden auf anderes schließen läßt, bestand Augustinus darauf, daß wir ihren letzten Sinn im großen Plan Gottes nicht erkennen können. Wenn wir das könnten, würden wir auch einsehen, daß Gottes Schöpfung durch und durch gut ist (wie auch Plotin dachte). Ein wesentlicher Teil dieses göttlichen Plans bestand darin, den Menschen an der göttlichen Natur teilhaben zu lassen, ihm die Gnade des *freien Willens* zu gewähren.

Im Unterschied zu Gottes anderen Geschöpfen, die seinem Plan immer und überall entsprachen, stand es den Menschen nach Augustinus frei, ihre Handlungen selbst zu bestimmen. Die höchste Vollkommenheit der Schöpfung zeigt sich daran, daß Gott es dem Menschen sogar erlaubte, sich frei für den Glauben an ihn zu entscheiden und ihn in der Verwirklichung seines Plans zu unterstützen. Aufgrund dieses freien Willens kann man Gott nicht die Schuld dafür geben, daß der Mensch sündigt. Das Potential zur Sünde ist ein notwendiger Teil dieses freien Willens. Gott bringt die Menschen also nicht dazu zu sündigen, sondern schenkt ihnen vielmehr die Fähigkeit, die Sünde mit seiner Gnade und seiner göttlichen Führung zu überwinden.

Der vielleicht wichtigste Beitrag des Augustinus zur westlichen Philosophie besteht in seiner Erkundung und Betonung des ganz persönlichen inneren Lebens. Der berühmte Satz »Ich denke, also bin ich«, der im allgemeinen Descartes zugeschrieben wird, tauchte bereits zwölf Jahrhunderte früher in den Schriften von Augustinus auf. Augustinus führte als erster detailliert die »innere« oder »subjektive« Erfahrung ein und beschrieb sie. Die *Be-*

kenntnisse, die spirituelle Autobiographie des Augustinus, sind noch heute eine der mutigsten und offensten Erkundungen des Selbst in der westlichen Literatur.

Augustinus sah das Verhältnis zwischen Gott und der menschlichen Seele als zentrales Thema der Religion. Da die Seele »nach dem Bild Gottes« erschaffen war, war die Selbstkenntnis zu einem Mittel geworden, wie man Gott kennenlernen konnte. Somit wurden die Gedanken des Augustinus zu einem weiteren wichtigen Meilenstein in der westlichen Philosophie, der Wendung »nach innen« (der Buddhismus hatte diesen Weg schon viele Jahrhunderte zuvor beschritten, und auch Sokrates hatte sich damit beschäftigt). Doch mit Augustinus begann das persönliche, innere Leben des Geistes in den Mittelpunkt des westlichen Denkens zu treten.

Nach Mekka: Der Aufstieg des Islam

Mohammed (ca. 570–632), ein Händler aus Mekka, wurde zum wichtigsten Propheten und Begründer des Islam. (Das Wort »Islam« kommt von *salam*, »Frieden und Ergebung«, nämlich dem Frieden, den man erlangt, wenn man sich Gott hingibt.) Mit über vierzig Jahren zog Mohammed sich in die Berge zurück und hatte dort eine religiöse Offenbarung. Der Engel Gabriel befahl ihm zu sprechen, und das, was er sprach, war eine Offenbarung Gottes. Der *Koran* ist die Transkription dieser Offenbarung. Die Worte des Koran werden als so heilig erachtet, daß sogar die Buchstaben auf der Seite heilig sind. (Folglich gibt es letztlich keine autorisierten Übersetzungen des Koran aus dem Arabischen, sondern nur

»Interpretationen«.) Der Islam ist, ähnlich wie Judentum und Christentum, eine Religion der Schrift.

Vor dem Islam verehrten die Menschen in der arabischen Welt zahlreiche Geister, sogenannte *jinn*; Allah war nur einer von vielen Göttern, die in Mekka verehrt wurden. Doch dann lehrte Mohammed die Anbetung Allahs als dem einzigen Gott, den er mit dem Gott der Christen und Juden identifizierte. Er akzeptierte – wie seine Nachfolger ebenfalls – auch die jüdischen Propheten und Jesus. Allerdings gehen Muslime davon aus, daß Mohammed der letzte und größte Prophet war, dessen Aufgabe darin bestand, den wahren Monotheismus wiederherzustellen, Gottes Gnade zu verkünden und die unterschiedlichen arabischen Stämme und Familien zu einer einzigen, durch einen gemeinsamen Glauben geeinten Gemeinschaft zusammenzuführen.

Der Islam entwickelte sich ähnlich wie die Religion der alten Hebräer schon bald zu einer wichtigen politischen Kraft. Die Araber waren das »auserwählte Volk« des Koran, das seine Wurzeln (wiederum wie die Hebräer) bis zu Abraham zurückverfolgte. Doch im Unterschied zum Judentum war der Islam offen für alle, die den einen Gott verehrten – also für Christen, Juden und Araber gleichermaßen. Folglich ergaben sich Diskussionen darüber, wie sich der Islam als spezifische Religion der Araber abgrenzen ließe. Diese Kontroverse findet ihre Entsprechung in Debatten der frühen Christen darüber, ob man den Islam als jüdische Sekte oder als universalistischen Glauben interpretieren sollte, der auch Nicht-Juden gleichberechtigt aufnahm.

Der Islam war besonders attraktiv, weil er so eingängig war und das Alltagsleben durchdrang. Das entscheidende Gebot des Islam ist eine einzige Affirmation: Der Gläubige muß mindestens einmal im Leben öffentlich beteuern, daß es keinen anderen Gott als Gott (Allah) gibt und Mohammed sein Prophet ist. Diese Grundforderung ist die erste der *fünf Säulen des Islam*, der wichtigsten Verpflichtungen des Gläubigen. (Die anderen vier sind Gebet, das Geben von Almosen, die Beachtung des Fastenmonats Ramadan sowie einmal im Leben eine Pilgerreise nach Mekka.)

Philosophisch relevant ist, daß den Lehren des Islam ein starker Begriff von sozialer und wirtschaftlicher *Gerechtigkeit* zugrunde liegt, was sich besonders in der dritten Grundverpflichtung mit ihrer Betonung der Wohltätigkeit äußert. Ein großer Teil der islamischen theologischen Spekulationen geht von dem Axiom aus, daß Gott vollkommen gerecht ist. Diese Gerechtigkeit jedoch hat zwei komplementäre Bedeutungen: Mitleid, das sich durch Wohltätigkeit ausdrückt, und Rache. Ein Mensch, der Unrecht tut, muß bestraft werden, genauso wie ein Mensch, der richtig handelt, belohnt werden sollte. Die islamische Vorstellung des *jihad* (heiligen Krieges) muß vor dem Hintergrund dieses Gerechtigkeitsgedankens, als Widerstand gegen das Böse, verstanden werden. Die Vorstellung des *jihad* erstreckt sich auch auf das innere Leben; der »Kampf für Gott« schließt die inneren Kämpfe des Gläubigen für ein größeres religiöses Bewußtsein im eigenen Leben und innerhalb der Gesellschaft ein. Die islamische Lösung des Theodizee-Problems liegt in der Gewißheit, daß Gott gerecht ist. Der Mensch ist verantwortlich für sein Verhalten, und Gott ist gerecht, wenn er Menschen bestraft, die vom rechten Weg abweichen, denn schließlich haben die Menschen einen freien Willen. Ähnlich wie die Christen glauben die Muslime, daß der Mensch eine unsterbliche Seele hat, die nach dem Tod in den Himmel oder in die Hölle kommt, so daß Verbrechen oder gute Taten, die in dieser Welt nicht bestraft oder belohnt wurden, auf jeden Fall später noch gesühnt oder gewürdigt werden.

Die islamische Weltsicht ist sowohl im Hinblick auf die Metaphysik als auch auf die Gesellschaftsphilosophie im wesentlichen egalitär. Anders als die platonische und neuplatonische Tradition, die die materielle Welt als minderwertig sieht, betrachtet der Islam die materielle Welt nicht nur als real, sondern auch als gut. (Der Wert der natürlichen Welt spiegelt sich in der wichtigen Tradition der Naturwissenschaften im mittelalterlichen Islam.) Im Islam ist jeder Mensch vor dem Angesicht Gottes gleich. Doch dieses Verständnis der allgemeinen Gleichheit verkompliziert die Interpretation des Koran. Eine vorherrschende Meinung in bestimmten Sekten des Islam lautet, daß der Koran mehrere Bedeutungsebenen besitzt – die sogenannte *exoterische* Ebene, das heißt die wörtliche Bedeutung, die allen Lesern verständlich und mit Hilfe von Vernunft und gesundem Menschenverstand zugänglich ist, und die *esoterische* Ebene, zu der nur diejenigen vordringen können, die entsprechend ausgebildet und eingeweiht sind. Diejenigen, die diese unterschiedlichen Bedeutungsebenen akzeptieren, glauben, daß das richtige Verständnis des Koran letztlich von der Autorität privilegierter, gut ausgebildeter Individuen abhängt. (Ob es solche privilegierten Individuen überhaupt gibt, wird auch im Judentum und im Christentum nach wie vor diskutiert.)

Neue Bewußtseinsebenen: Mystizismus und Zen

Der Mystizismus ist eine Philosophie (oder eher ein besonderes Verständnis von Erfahrung), die quer durch zahlreiche religiöse Traditionen geht, unter ihnen alle drei großen westlichen Religionen. Mystizismus ist die Transformation des Bewußtseins, um Zugang zu höheren Ebenen der Realität zu finden. Die hinduistische Praktik des Yoga beispielsweise ist eine Disziplin, in der der Praktizierende Techniken zur Beherrschung des Geistes und des Körpers anwendet, um irgendwann eins mit dem *Brahman* zu werden. Auch viele Buddhisten versuchen, durch disziplinierte Meditation die imaginären Fesseln des Alltagsbewußtseins abzulegen. Jüdische und christliche Mystiker gehen ebenfalls davon aus, daß die wahre Erkenntnis sich nur einstellen kann, wenn man Zugang zu höheren Ebenen der Realität gefunden hat. Zwei gute Beispiele dafür sind die organisierte Esoterik der frühchristlichen gnostischen Sekten, die glaubten, daß Erkenntnis die Initiation in Geheimwissen voraussetzt, und die spanische Mystikerin *Teresa von Ávila* (1515–1582), die ihre mystischen Erfahrungen in fast schon erotischer Detailliertheit aufzeichnete.

Doch sich dem Mystizismus zuzuwenden, konnte sich als ziemlich gefährlich erweisen. Der meistgelesene christliche Mystiker, *Meister Eckhart* (ca. 1260–1327), war ein deutscher Dominikanermönch, der wegen Ketzerei angeklagt wurde. Seine Werke wurden vom Papst mit einem Bann belegt. Meister Eckharts Aussagen klangen zu sehr nach einer Leugnung der orthodoxen Doktrin; so schrieb er zum Beispiel, die Schöpfung sei eins mit dem Schöpfer und genauso ewig wie Gott. Und Al Halladsch, ein islamischer Mystiker, wurde 922 ermordet, weil er in höchster religiöser Verzückung ausgerufen hatte: »Ich bin Gott!«

Der jüdische Mystizismus betont die Tatsache, daß die Heilige Schrift sich auf unterschiedlichen Ebenen verstehen läßt, wobei die höheren nur denjenigen zugänglich sind, die die richtige Ausbildung genossen haben und eingeweiht sind. Die jüdischen Mystiker finden »innere Lehren« in der Heiligen Schrift und bedienen sich außerdem der *Kabbala*, die die Tradition mystischer, seit dem Mittelalter auftauchender Texte umfaßt. (»Kabbala« bedeutet wörtlich »Tradition«.) Das kabbalistische Denken entwickelte eine Interpretation der Thora im Rahmen einer Theorie der zehn Emanationen (*Sefirot*). Gott ist die letzte Quelle alles Existierenden, aber über Gott als solchen läßt sich nichts sagen.

Die meisten mystischen Traditionen bewegen sich innerhalb des orthodoxen Glaubens; manche von ihnen (zum Beispiel die in der chassidischen Gemeinschaft der Juden praktizierte) sind sogar ziemlich konservativ. Doch die Tatsache, daß der Mystizismus von individuellen Bemühungen und Erfahrungen abhängig ist, wirft ein philosophisches – und manchmal auch ein praktisches – Problem für die Autorität der organisierten Religion auf.

Der *Sufismus*, eine bekannte mystische Tradition innerhalb des Islam, wehrt sich gegen die Ansicht, daß der Zugang zu den höheren Ebenen der Erkenntnis nur einer Elite von heiligen Männern und ihren Anhängern vorbehalten ist. Sufis glauben vielmehr, daß die *göttliche Gnade* diese höhere Ebene all jenen eröffnet, die sich den mystischen Praktiken der Sufis hingeben. Sufis kultivieren unterschiedliche Grade der Selbstvervollkommnung, um den Idealzustand der völligen Vereinigung mit Gott zu erlangen. Schließlich erreicht der Gläubige den Zustand der *Gnosis*, also die Auslöschung des Ego, eine Erfahrung der Ekstase, in der der Gläubige eins wird mit Gott und die volle Wahrheit erkennt: daß Gott die Welt aus der Liebe erschuf, als Überfluß seines eigenen Wesens.

Am Ende des ersten Jahrtausends breitete sich am anderen Ende der Welt der Buddhismus von China nach Japan aus. *Zen* vereinigte die traditionelle japanische Religion und den Buddhismus in sich und traf zeitlich mit der Entstehung der Samurai-Kriegerschicht zusammen. Die relative Einfachheit des Zen kam den Samurai auf ähnliche Weise entgegen wie die relative Einfachheit des Islam den arabischen Kriegern. Frühere Formen des Buddhismus hatten Gelehrsamkeit, gute Taten und Askese propagiert. Zen betonte diese nicht mehr und lehrte, daß jeder zur Erleuchtung (auf Japanisch *satori*) gelangen könne. Voraussetzung war das Aufbrechen alltäglicher, logischer Denkmuster. Zen empfahl die Meditation als Mittel zu diesem Zweck. Eine traditionelle Technik ist das sogenannte *koan*, ein Rätsel wie zum Beispiel: »Was ist der Klang einer einzelnen klatschenden Hand?« Unsere üblichen Denkmuster taugen so wenig zur Beantwortung einer solchen Frage, daß sie durch die Meditation darüber untergraben werden.

Eine Ahnung davon, wie neu Zen war, bekommt man, wenn man seine Einfachheit und Universalität mit dem Ästhetizismus und dem Elitedenken in den Schriften von *Sei Shonagon* (966–1017) und *Murasaki Shikibu* (978 bis

1015) etwa ein Jahrhundert zuvor in Japan vergleicht. Shonagons *Makura no soshi*, das sogenannte »Kissenbuch«, gehört zu den wichtigsten Werken der japanischen Literatur, und Murasakis *Genji-monogatari*, »Der Roman vom Prinzen Genji«, wird von vielen als der erste Roman der Welt betrachtet. Die beiden waren im letzten Jahrzehnt des zehnten Jahrhunderts Hofdamen am kaiserlichen Hof. Das *Kissenbuch* und *Der Roman vom Prinzen Genji* sind keine systematischen Werke der Philosophie, vermitteln aber eine philosophische Sicht, die Schönheit und ästhetische Kontemplation preist. Sie spiegeln das politische Elitedenken der Zeit. (In beiden Werken ließe sich auch eine proto-feministische Einstellung zu Männern erkennen, denen sich die Autorinnen deutlich ebenbürtig fühlten.)

Der vielleicht wichtigste der frühen Zen-Buddhisten war *Dōgen* (1200–1253), der Zen als philosophische Disziplin verstand. Überzeugt davon, daß Körper und Geist eine Einheit bilden, propagierte Dōgen eine bestimmte Meditationshaltung, *zazen* (wörtlich »sitzende Meditation«). Der Sinn dieser Übung besteht darin, einen prä-reflektiven, also »nicht denkenden«, Bewußtseinszustand zu erreichen, wie Dōgen es nennt. Wenn man den Geist von allen üblichen Kategorisierungen und Begriffen leert, wird man frei für die buddhistische Einsicht, daß es nichts gibt, was »in sich selbst« ist. Die Dinge sind nur wegen ihrer Verbindung zu allen anderen Dingen, was sie sind. Wenn man diese Erkenntnis erlangt hat, sieht man laut Dōgen die »Nichtigkeit« von allem. Das einzige, was existiert, ist die »Buddha-Natur«, und alles innerhalb dieser Natur hat teil am »erleuchteten« Zustand Buddhas.

Vernunft und Glaube: Die peripatetische Tradition

Wenn es einen Disput gab, der das Herz der Philosophie zwischen dem ersten und dem zweiten Jahrtausend n. Chr. in Beschlag nahm, so war es die Diskussion über das Verhältnis von Glaube und Vernunft und ihre Rolle in der Religion. Im Islam verteidigten manche Theologen die zentrale Bedeutung der *Vernunft* durch ihre Interpretation des Koran, doch die Rolle dieser Vernunft gestaltete sich im Islam aus ähnlichen Gründen wie im Judentum und im Christentum als problematisch. Manche Muslime stellten in Frage, ob es angemessen sei, mit der Vernunft zu versuchen, Allah zu verstehen, der schließlich unser menschliches Fassungsvermögen übersteigt. Andere hingegen erachteten die Vernunft als ein Gottesgeschenk, das sich deshalb hervorragend für die Religion eignete. Solche Diskussionen traten besonders zahlreich bei den sogenannten »Peripatetikern« auf (die Bezeichnung rührt von ihrer Bewunderung für Aristoteles her, der während seiner Vorträge »umherging«), eine Tradition, die sich über den Islam auf den Rest der Welt ausbreitete.

Als die Araber das persische und große Teile des byzantinischen Reiches eroberten, zwangen sie den unterlegenen Völkern ihre Sprache und Religion auf. Doch auch sie selbst wurden beeinflußt. Nachdem die Araber mit der griechischen, jüdischen und christlichen Tradition des philosophischen Diskurses in Berührung gekommen waren, machten sie sich daran, eine ganz ähnliche Tradition zu entwickeln. Bagdad wurde zum Zentrum des Islam, und Arabisch wurde zur Verkehrssprache der Gebildeten. In der Zeit zwischen ungefähr 750 und 900 n. Chr. wurden viele griechische Werke ins Arabische übersetzt, darunter auch die Schriften von Platon, Aristoteles und Plotin. Auf diesen basierend, entwickelten arabische Gelehrte ihr eigenes philosophisches Vokabular. Manche Begriffe übernahmen sie direkt aus dem Griechischen, zum Beispiel *falsafah* für griechisch *philosophia*.

Unter Verwendung der Erkenntnisse von Aristoteles versuchten arabische und persische Philosophen, alles Wissen zu systematisieren. Die Peripatetiker wurden stark von Plotin beeinflußt, mit dem Ergebnis, daß ihre Interpretationen von aristotelischen Gedanken sich oft der »Emanationen« bedienten. Der persische Philosoph *Al-Kindi* (ca. 800–866) zum Beispiel folgte Aristoteles' Gedankengängen, akzeptierte aber auch Plotins Vorstellung, daß die gesamte Schöpfung eine Reihe von Emanationen des göttlichen Einen sei. Auch *Ibn Sina* (»Avicenna«, 980–1037) behauptete, die Emanationen von Gottes Geist formten eine Hierarchie, auf deren unterster Ebene sich unsere Welt befinde. Er stellte Gott als transzendent und von der Alltagswelt der Menschen distanziert dar, war aber trotzdem der Meinung, daß alle Geschöpfe Gottes durch die Liebe mit Gott verbunden seien.

Ibn Rushd (»Averroes«, 1126–1198) attackierte die Ansicht, daß die Schöpfung dem Göttlichen entströme, und behauptete seinerseits, Gott stehe nicht abseits von der Welt, sondern mische sich aktiv ein und wisse genau Bescheid über seine Geschöpfe. Durch seine Ablehnung der neuplatonischen Gedanken gelangte Ibn Rushd zu einem Verständnis von Aristoteles, das sich als naturalistischer erwies als das seiner peripatetischen Vorgänger. Er argumentierte, die Vernunft sei durchaus mit der Offenbarung vereinbar, auch wenn er zugeben mußte, daß es offensichtlich unterschiedliche Ebenen der Wahrheit gab. Der Koran mache die Wahrheit allen möglichen Menschen zugänglich, tue dies allerdings je nach dem unterschiedlichen Charakter der Betreffenden auf unterschiedliche Art. Dem gewöhnlichen Menschen mag die wortwörtliche Bedeutung genügen, doch der Gebildete brauche überzeugende Argumente. Daher spiele die Vernunft eine wichtige Rolle.

Weil Arabisch die mittelalterliche Sprache der Gelehrten war, schrieben sogar manche Gelehrte außerhalb der islamischen Tradition ihre philosophischen Werke auf arabisch. Der bedeutendste von ihnen war *Moses Maimonides* (1135–1204), ein im arabischen Spanien geborener Jude, der sich in Ägypten niederließ. Eine der größten Leistungen von Maimonides bestand darin, die *Mischna*, die Reflexionen der Rabbiner zum Alten Testament, die im Lauf der Jahrhunderte entstanden waren, zu organisieren und zu systematisieren. Wie die meisten arabischen und persischen Philosophen seiner Zeit nahm auch Maimonides die Schriften von Aristoteles zur Grundlage. Der Einfluß von Aristoteles ist deutlich zu spüren in seinem berühmtesten Werk, *Führer der Unschlüssigen*, in dem Maimonides versuchte, die Religion mit der Vernunft zu versöhnen. Seiner Ansicht nach sollte sich die Philosophie der Offenbarung unterwerfen; gleichzeitig konnte man aber auch die Vernunft einsetzen, um Wahrheiten, die die Erleuchtung offenbart hat, zu belegen. Insbesondere war Maimonides der Meinung, daß Kenntnisse in den Naturwissenschaften nicht zu einer Abkehr von der Religion führen sollten. Diese Forderung stellte sich in den folgenden Jahren noch als wichtig heraus und wurde gerade von den islamischen Gelehrten erfüllt.

Gott denken: Die Scholastik

Die *Scholastik* markierte den Höhepunkt der Theologie im mittelalterlichen christlichen Denken zwischen ungefähr 1050 und 1350. Sie drehte sich um die von Aristoteles begründete Methode der philosophischen Spekulation. Die Scholastiker gingen von den fundamentalen Prämissen des katholischen Glaubens und davon aus, daß sich die menschliche Vernunft verwenden ließ, um die Wahrheiten zu erweitern, zu denen man in der Offenbarung gelangt ist. Ihre Auffassung der Vernunft war von Augustinus' Ansicht beeinflußt, daß derselbe Gott, der sich durch die Heilige Schrift offenbart hat, den Menschen auch die Fähigkeit zur Vernunft verliehen hat, die es ihnen ermöglicht, zur Erkenntnis der Wahrheit zu gelangen. Die Scholastiker bezogen sich auch in starkem Maße auf die Peripatetiker.

Die herausragendste Persönlichkeit der Frühscholastik war *Anselm von Canterbury* (ca. 1033–1109). Anselm wurde beeinflußt von Augustinus, teilte jedoch nicht dessen Begeisterung für die platonischen Formen oder die neuplatonischen Emanationen. Anselm sah seine philosophische Aufgabe darin, die Mysterien des Glaubens zu ergründen. Sein Motto lautete: »Glaube, der nach Einsicht sucht«.[1] Folglich näherte Anselm sich seinem Thema nicht nur auf emotionaler, sondern auch auf intellektueller Ebene. Er war fest davon überzeugt,

1 Anselm von Canterbury. Proslogion. Vorwort. Lateinisch-deutsche Ausgabe von P. Franciscus Salesius Schmitt. Stuttgart 1984, S. 71.

daß zumindest manche der Wahrheiten, die aufgrund der Offenbarung bekannt waren, sich auch durch eine logisch stringente Argumentation darlegen ließen. Die berühmteste dieser Argumentationen war das, was Kant später den *ontologischen Gottesbeweis* nannte, der möglicherweise von Ibn Sina beeinflußt wurde. Ein ontologischer Beweis versucht zu zeigen, daß bereits die Vorstellung von etwas seine Existenz bedingt. Anselm sah seinen Beweis nie als Mittel, Ungläubige zu bekehren; er war lediglich der Meinung, daß er jenen, die bereits glaubten, das Wesen Gottes erhelle.

In seinem ontologischen Gottesbeweis argumentierte Anselm, daß schon die Definition Gottes seine Existenz beinhaltet. Gott ist nach Ansicht von Anselm »etwas, über dem nichts Größeres gedacht werden kann«.[1] Sogar diejenigen, die nicht an Gott glauben, begreifen, daß es das ist, was mit »Gott« gemeint ist. Gott ist per definitionem das vollkommenste Wesen; folglich kann man sich kein größeres Wesen vorstellen. Daraus folgt, daß Gott existieren muß, denn wenn es sich bei Gott lediglich um eine Möglichkeit handeln würde, um einen großartigen Gedanken ohne tatsächliche Bezugsgröße, könnte man sich ein noch vollkommeneres Wesen vorstellen – nämlich eines, das die Vollkommenheit dieses Gedankens besitzt und obendrein noch existiert. Sobald man die Vorstellung von Gott als dem vollkommensten vorstellbaren Wesen akzeptiert, ist man logisch auch an die Existenz Gottes gebunden.

Peter Abaelard (1079–1142) war der herausragende Logiker der Scholastik. Berühmt wurde er allerdings

1 A. a. O. Kap II, S. 85.

hauptsächlich wegen der Liebe zu seiner über zwanzig Jahre jüngeren Schülerin Héloïse. Der Briefwechsel zwischen ihnen gehört zu den bewegendsten Beispielen für Liebesbriefe in der westlichen Literatur. Als Philosoph jedoch interessierte sich Abaelard primär für das, was wir heute Sprachphilosophie nennen. Er war wie viele heutige Philosophen der Meinung, daß die meisten theologischen und philosophischen Verwirrungen das Ergebnis einer Verwirrung über die Sprache, also über die Bedeutung von Worten, sind.

Abaelards philosophischer Ruf gründet sich auf seine *Doktrin der Namen*, den sogenannten *Nominalismus*. Er argumentierte, daß Wörter nur Namen seien, »Signifikanten«, »Bezeichnendes«. (Die Dinge, auf die sie verweisen, sind »Signifikate«, »Bezeichnetes«.) Aber welche Art von Wörtern sind Namen? – denn nicht alle Wörter verweisen tatsächlich auf einzelne Seiende, Entitäten. Abaelard ging vor allem auf eine Frage ein, die auf Platon und Aristoteles zurückgeht. Es geht dabei um Wörter, die auf sogenannte Klassen (das heißt auf offene Gruppen oder Typen von Individuen, zum Beispiel »Katzen«), Eigenschaften (die insofern universell sind, als jede beliebige Anzahl von unterschiedlichen Objekten dieselbe Eigenschaft haben kann, zum Beispiel »rot« sein) oder Idealtypen (zum Beispiel »Dreieck«) verweisen. Die Frage, das »Problem der Universalien«, war, ob sich solche Wörter wirklich auf reale Entitäten beziehen, etwa wenn es um das Wesen oder die platonische Form einer Katze, die Farbe Rot oder das vollkommene Dreieck geht.

Manche Logiker, die sogenannten *Realisten*, gingen davon aus, daß es solche Universalien gebe. Andere, die sogenannten *Konzeptualisten*, waren der Ansicht, daß diese Universalien lediglich in der Vorstellung existierten. Abaelard hingegen vertrat die radikale Meinung, daß ausschließlich Partikularien existieren. Er bestritt die Existenz der Universalien und widersprach der Ansicht jener Realisten, die behaupteten, die Dinge besäßen ein Wesen, das sie erst zu den Dingen mache, die sie sind. Nach Meinung von Abaelard gibt es keine platonische Form, das heißt kein Wesen einer Katze, nur zahlreiche Katzen. Es gibt auch keine Farbe Rot, nur unzählige rote Dinge. Es gibt keine platonische Form des Dreiecks, nur Dreiecke. Wörter verleiten uns dazu, in Universalien zu denken, aber diese Universalien sind nicht real. Sie sind lediglich Konstruktionen, die wir beim Sprachgebrauch postulieren.

Abaelard wandte diese deutliche Unterscheidung von Wörtern und Realitäten bei seiner Interpretation der Heiligen Schrift an. Er ging davon aus, daß scheinbare Konflikte zwischen religiösen Autoritäten sich vermutlich lösen ließen, wenn man sah, daß sie dieselben Wörter auf unterschiedliche Weise verwendeten. Abaelard benutzte den Ausdruck »Theologie« zum erstenmal im modernen Sinn, um nämlich auf die rationale Erkundung der Geheimnisse der Religion zu verweisen. Abaelard mischte sich in die nun seit einem Jahrtausend andauernde Diskussion ein und verteidigte den Gebrauch der Vernunft für die Offenbarung, denn der Glaube sei lediglich eine Meinung, wenn er nicht von der Vernunft unterstützt werde. Da er davon ausging, daß die Vernunft Einsichten in die religiöse Wahrheit lieferte, wies er nachdrücklich darauf hin, daß die alten Griechen der christlichen Lehre schon sehr nahe gekommen seien; sie hätten zum Teil sogar schon das Wesen der Dreieinigkeit erblickt.

Thomas von Aquin (ca. 1225–1274) ist die Zentralfigur der Scholastik. Er versuchte zu beweisen, daß der christliche Glaube auf Vernunft beruht und daß das der Natur zugrundeliegende Gesetz rational ist. Er wurde besonders stark von Aristoteles beeinflußt, dessen Bedeutung er wie viele seiner Zeitgenossen für so selbstverständlich hielt, daß er ihn einfach »den Philosophen« nannte. Außerdem war Thomas von Aquin ein großer Harmonisierer, der davon ausging, daß Vernunft und Offenbarung jeweils einem eigenen Reich angehörten. Die Vernunft war das richtige Werkzeug zum Erkennen der Wahrheit über die natürliche Welt; die Offenbarung hingegen betraf die übernatürliche. Der Standort der natürlichen Welt könne nur in Bezug auf die übernatürliche erkannt werden.

Die Differenzierung zwischen dem Reich der Vernunft und dem der Offenbarung erlaubte es Thomas von Aquin, der aristotelischen Philosophie einen fest umrissenen Platz in der christlichen Weltsicht zu geben. Thomas von Aquins Achtung der aristotelischen Philosophie schuf innerhalb des christlichen Denkens Raum für eine relativ hohe Wertschätzung der natürlichen Welt und die Aktivitäten des Menschen. Das kontrastierte mit der platonischen Ausrichtung des früheren christlichen Denkens, die die mangelnde Realität der natürlichen Welt im Vergleich zu der realen, himmlischen Welt der Formen betont hatte. Thomas von Aquin erachtete die natürliche Welt jedoch auch als eine Spiegelung des göttlichen Gesetzes. Indem die Menschen die intelligiblen Strukturen der Alltagswelt erkennen, gewinnen sie Einblick in das Wesen Gottes. Thomas von Aquins Sicht der Dinge verhalf dem Studium der Naturwissenschaften, die ihr Anliegen seinerzeit noch oft verteidigen mußten, zu einem großen Fortschritt.

Da Thomas von Aquin Gottes Gesetz in der natürlichen Welt wirken sah, meinte er, die Vernunft werde auch durch das reine Nachdenken über die Natur zu Gott geführt. Er lieferte seine eigenen Argumente für die Existenz Gottes in Form von *kosmologischen Beweisen*, in denen er von faktisch Existierendem auf eine letzte Erklärung zurückschloß. Die Bewegung kontingenter Dinge zum Beispiel hängt kausal von anderen Dingen ab, die sie bewegen. Thomas von Aquin glaubte wie Aristoteles, daß ein unendlicher Regreß undenkbar ist; er war davon überzeugt, daß diese Erkenntnis den Geist dazu führen würde, nach einem ersten Beweger zu suchen. In jedem seiner fünf Beweise für das Dasein Gottes (auch seine »fünf Wege« genannt) schloß er ganz ähnlich vom kontingenten Wesen der Dinge in der natürlichen Welt auf die Notwendigkeit eines Wesens, das diese Dinge transzendiert, nämlich Gott.

Auch die menschliche Moral ist weder einfach eine Frage der Freiheit noch das Ergebnis unseres animalischen Wesens, sondern hängt vom ganz besonderen, gottgegebenen Wesen der Menschen ab. Die Moral ist wie die Natur vom *Naturgesetz* abhängig, moralischen Grundsätzen, die uns eingeprägt werden und sich durch die Vernunft entdecken lassen. Doch trotz seiner Betonung der Rationalität legte Thomas von Aquin auch Nachdruck auf die Grenzen der Vernunft. Die Offenbarung, so argumentierte er, sei nötig, um Einblick in das Reich Gottes im Himmel zu gewinnen.

»Wiedergeburt« in Religion und Philosophie: Renaissance und Reformation

Bis etwa zum fünfzehnten Jahrhundert beherrschte die katholische Kirche die Philosophie im größten Teil Europas. Dann forderten zwei große Bewegungen die Autorität und die religiöse Perspektive der Kirche heraus, einmal die *Renaissance* (»Wiedergeburt«), die sich Ende des fünfzehnten Jahrhunderts über Europa ausbreitete, und dann die *Reformation*, die am 31. Oktober 1517 mit *Martin Luthers* (1483?–1546) Veröffentlichung seiner 95 »Thesen« in Wittenberg begann.

Bei der Renaissance handelte es sich vor allen Dingen um eine Wiederbelebung des Humanismus und der Würde des einzelnen, gefördert von einer neuen, kultivierten städtischen Schicht. Die Renaissance war eine literarische und künstlerische Bewegung, die besonderen Wert auf die Geisteswissenschaften und die Altphilologie legte, Disziplinen, deren Beherrschung nun von jedem gebildeten Bürger erwartet wurde. Doch der Humanismus der Renaissance war trotz der gegenteiligen Ansicht vieler damaliger und heutiger Kritiker weder ausschließlich weltlich noch gottlos. In vielerlei Hinsicht blieb die Renaissance mittelalterlich und manchmal sogar mystisch, und man sollte auch nicht vergessen, daß sie eine ganz neue Betonung auf die Würde des einzelnen legte, die im Schoß des Christentums und der jüdisch-christlichen Tradition gepflegt wurde.

Die Renaissance war weniger eine Zeit des »Neubeginns«, wie manche ihrer eifrigeren Befürworter meinten, sondern eine Zeit der Verjüngung, der Begeisterung und des Experimentierens. Besonders ging es darin um die Wiederentdeckung oder neuerliche Gewichtung der klassischen Literatur aus dem alten Griechenland und Rom. In dieser Hinsicht verdankte die Renaissance ihre Existenz der islamischen Welt, die für die Erhaltung vieler von der Kirche verbotener Texte gesorgt hatte.

Die Renaissance war auch eine Zeit des Aufatmens nach zahlreichen Schrecken der Geschichte. Die Freude, mit der das Ende der Pest (des »Schwarzen Todes«), die ungefähr ein Drittel der europäischen Bevölkerung dahingerafft hatte, begrüßt wurde, ist ebenso nachzuvollziehen wie die über das Ende des Hundertjährigen Krieges zwischen England und Frankreich, bei dem ebenfalls viele Menschen umgekommen waren. Der Humanismus der Renaissance kann als eine Distanzierung von diesen schrecklichen Jahren verstanden werden. Der Feudalismus war praktisch gescheitert, und ein neuer Merkantilismus und Entdeckergeist durchdrangen Europa, die bald von einem neuen, »kapitalistischen« Impuls angesteckt werden sollten.

Die meisten Protestanten sehen die Reformation als eine Bewegung, die sich einer moralischen Reformierung innerhalb des Christentums verschrieb. Auch die Reformation hatte ihre Wurzeln im Humanismus (und im Nationalismus, der religiöse Gruppen im Rahmen von kulturellen und historischen Parametern definierte). Die philosophische Frage, die Luther am stärksten beschäftigte, war das ewige Problem der westlichen Tradition, das Problem des Bösen, der Sünde und Sühne. Seit Paulus war die Vergebung der Sünden einer der attraktivsten Aspekte des Christentums. Allerdings war nicht ganz klar, wie der einzelne sicher sein konnte, daß ihm seine Sünden tatsächlich vergeben wurden. Luther war davon überzeugt, daß die katholische Kirche in hohem Maße korrupt geworden war und nun die Zweifel und Ängste der Gläubigen manipulierte, indem sie die Vergebung der Sünden in Form von *Ablässen* verkaufte. Die Idee des Ablasses setzte voraus, daß das, was der Mensch tat (beten zum Beispiel oder Almosen geben), einen Einfluß auf sein Heil hatte. Luthers Ansicht nach war dieser Gedanke gleichbedeutend mit der Behauptung, daß man Gott erpressen oder sich das Heil erkaufen könnte.

Basierend auf der Philosophie des Augustinus betonte Luther die Sündhaftigkeit des Menschen. Der Mensch, so Luther, sei innerlich zerrissen zwischen den Begierden des Fleisches und dem Streben des Geistes. Dieser innere Kampf zwischen Fleisch und Geist gipfelt in *Verzweiflung*, auch wenn Gott dem Menschen seine Gnade anbietet, die sich weder kaufen noch verdienen läßt. Luther widersprach der Ansicht, daß gute Werke notwendig oder ausreichend seien, um das Heil zu sichern. Der Christ habe zwar eine Verpflichtung, seinen Nächsten zu lieben und ihm zu dienen, aber die Erfüllung dieser Pflicht sei nicht Voraussetzung für die Erlösung.

Zur humanistischen Tradition gehörte die Betonung des Gefühls in Sachen Religion, der persönliche Glaube, und Luther vertiefte diesen Humanismus. Er widersprach den Scholastikern mit ihrer Betonung rationaler Argumente und war auch kein großer Anhänger von Aristoteles und Thomas von Aquin. Im Zustand der Erbsünde, so Luther, seien alle menschlichen Fähigkeiten korrumpiert, auch die Vernunft. Die Vernunft erliege zu oft der Hybris und versuche Glaubensfragen zu erklären, die die Grenzen der Vernunft sprengten. Der wahre Glaube muß erfahren, nicht bewiesen werden; jeder kann ihn erfahren. Luthers Nachdruck darauf, daß allein der Glaube für die Erlangung des Heils wesentlich sei, wiederholte die Betonung des »Inneren«, die bei Augustinus so einleuchtete. Der Gläubige könne und solle sich auf Gottes Gnade verlassen und sich demütig und reuig verhalten. Das Christentum wurde nun im inneren Leben des Geistes verwurzelt, nicht mehr in der Institution einer Kirche oder im System einer Theologie.

Anders als Luther betonte der französische Reformator *Johannes Calvin* (1509–1564) die Bedeutung der Kirche als Institution und eines theologischen Systems. Die neue Hervorhebung des »Inneren« ließ so manche abstruse individuelle Glaubensvorstellung entstehen, so daß Calvin als Antwort auf die allgemeine religiöse und philosophische Anarchie eine klare Basis forderte, mittels derer sich die religiöse Wahrheit von Ketzerei unterscheiden ließ. In puncto Betonung der menschlichen Sündhaftigkeit ging er sogar noch weiter als Luther. Der Mensch, so Calvin, sei so von der Erbsünde korrumpiert, daß sogar Neugeborene verdammt seien. Für Calvin waren die Menschen nur als Medien zur Demonstration von Gottes lebendiger Gnade von Bedeutung.

Auch wenn die Sünder sich Gottes Willen widersetzten, agierten sie Calvins Meinung nach noch im Rahmen dieses Willens. Insofern ließ Gott in gewisser Hinsicht ihre Sündhaftigkeit zu. Calvin formulierte dieses paradoxe Verhältnis Gottes zur Sünde in seiner Doktrin der *Prädestination*. Um zu erklären, warum manche Menschen das Wort Gottes vernahmen, andere aber nicht, argumentierte Calvin, Gott habe von vornherein festgelegt, wer gerettet und wer verdammt werde. Doch nicht einmal die wenigen Menschen, die gerettet würden, *verdienten* diese Rettung, weil sie ja Sünder seien. Gott habe lediglich beschlossen, ihnen zu vergeben. Diese Vergebung sei sein Geschenk an die Auserwählten.

Daß man auserwählt wurde, konnte man sich nicht verdienen. Natürlich wollten die Menschen wissen, ob sie gerettet würden. Deshalb entwickelten viele Protestanten trotz der im Protestantismus eigentlich schwachen Betonung menschlicher Bemühungen und guter Taten fast so etwas wie eine Besessenheit von der Arbeit. Der weltliche Erfolg wurde zum Zeichen göttlichen Segens. Der moderne Kapitalismus erwuchs einer prominenten These zufolge[1] aus dieser Besessenheit.

Natürlich rief die Reformation eine Reaktion in der katholischen Kirche hervor, die sogenannte Gegenreformation. Im lang andauernden Kampf zwischen diesen beiden Bewegungen erlebte Europa eines seiner blutigsten Jahrhunderte. Der Konflikt zwischen Kirche und Reformation spielte sich nicht völlig losgelöst von der Renaissance ab, die ein ziemlich hohes Niveau der gelehrten Diskussion etablierte. Aus dem religiösen Wirrwarr ging eine Reihe großer Philosophen hervor, unter ihnen *Erasmus von Rotterdam* (1469–1536), ein führender Kenner der Bibel. Seine Gedanken spiegeln sich am besten in der Satire *Lob der Torheit*. Inmitten der Gegenreformation und Inquisition erinnerte Erasmus den Menschen daran,

1 Max Weber. Die protestantische Ethik und der Geist des Kapitalismus. Tübingen 1905.

daß das meiste von dem, was im menschlichen Leben etwas wert ist, nicht durch Weisheit oder Frömmigkeit zustande kommt, sondern durch Torheit. Wer würde schon heiraten, Kinder bekommen, in die Politik gehen, sich verlieben oder Philosoph werden, wenn er tatsächlich die Weisheit besäße, die Folgen seines Handelns vorherzusehen? Sophokles zitierend, verteidigte Erasmus dessen höchst antiphilosophische Position, daß »am glücklichsten lebt, wer nichts weiß«. In einer Zeit blutiger religiöser Kontroversen war dieses Beispiel pseudosokratischer Bescheidenheit höchst willkommen.

Die experimentelle Naturwissenschaft und ihre politische Dimension

Der Nachdruck, den die Renaissance auf die menschlichen Angelegenheiten legte, führte auch zu einer neuen Achtung vor den Naturwissenschaften, die sich durch den Fortschritt der Technologie und Mathematik und insbesondere durch eine spektakuläre wissenschaftliche Revolution noch erhöhte. *Nikolaus Kopernikus* (1473–1543) behauptete zum Beispiel, die Sonne, nicht die Erde, sei der Mittelpunkt unseres Universums. Nun wuchs die Bedeutung der Naturwissenschaften, die lange im Schatten der Theologie gestanden hatten, und führte zu einer lang andauernden und manchmal brutalen Auseinandersetzung mit der Kirche. 1600 wurde Giordano Bruno wegen Ketzerei auf dem Scheiterhaufen verbrannt, und kurz darauf mußte Galileo Galilei seine kopernikanische Weltansicht widerrufen (die katholische Kirche akzeptierte diese Weltsicht übrigens erst 1992 offiziell!).

Allerdings darf man den andauernden Konflikt zwischen Naturwissenschaften und Religion auch nicht überbewerten. Ähnlich wie die Natur als Werk Gottes (eine Vorstellung, die sich von den alten Hebräern herleitet und von Thomas von Aquin verfochten wurde) betrachtet wurde, galten die Naturwissenschaften als ein Medium der Offenbarung, eine Möglichkeit, Gottes Wunder anzuerkennen. Im allgemeinen gab die Kirche sich damit zufrieden, die Naturwissenschaften zu tolerieren, solange diese ihrer eigenen Doktrin nicht widersprachen.

Im fünfzehnten Jahrhundert beherrschten immer noch die Erkenntnisse von Aristoteles die Naturwissenschaften, und Theorien und Hypothesen aus dem vierten Jahrhundert v. Chr. wurden nach wie vor als »gesunder Menschenverstand« akzeptiert. Nach dem fünfzehnten Jahrhundert jedoch wurde der »gesunde Menschenverstand« nicht mehr einfach so hingenommen. Es machte sich allgemeine Skepsis breit. Ironischerweise gründete sich der aufstrebende Humanismus auf die schockierende Erkenntnis, daß der Mensch und der Planet, den er bewohnte, nicht der Mittelpunkt des Kosmos sind.

Die »neue Naturwissenschaft« von Kopernikus und Galileo Galilei brauchte eine philosophische Grundlage, um der Dogmatik der Kirche und Aristoteles standhalten zu können. Diese Grundlage schuf *Francis Bacon* (1561–1626). Bacon wird im allgemeinen als Begründer der modernen Naturwissenschaften angesehen, was hauptsächlich heißt, daß er mit Aristoteles brach und für einen Neuanfang auf der Basis rein empirischer, experimenteller Forschung plädierte. Bacon war selbst nicht Naturwissenschaftler; seine Theorien und Entdeckungen sind nicht im selben Maße bekannt wie die von Kopernikus, Galileo Galilei, Kepler oder Newton. Er theoretisierte vielmehr *über* die Naturwissenschaften und das Wissen im allgemeinen. Insbesondere erläuterte er die experimentelle Methode, die Galilei und die späteren Naturwissenschaften so stark beeinflussen sollte. Bacon formulierte als erster das, was wir heute als »wissenschaftliche Methode« bezeichnen, nämlich sorgfältige Beobachtung und kontrolliertes, methodisches Experimentieren. Diese wissenschaftliche Methode bildete die Grundlage für einen Neuanfang hinsichtlich all jener Fragen, die angeblich bereits von der Antike beantwortet worden waren.

Im Gegensatz zu den Dogmen seiner Vorgänger versuchte Bacon, das Streben nach Wissen »um seiner selbst willen« zu rechtfertigen. Das sollte man nicht, wie dies heute so oft der Fall ist, als eine Verteidigung der Forschung ungeachtet der möglichen Folgen mißverstehen, denn Bacon behauptete das genaue Gegenteil, nämlich daß Wissen *nützlich* sei. Sein berühmtester Ausspruch lautet: »*Wissen ist Macht!*«[1] Außerdem verteidigte er die Naturwissenschaften als ultimative Herrschaft des Menschen über die Natur, wie sie ihm seinerzeit in der Genesis versprochen wurde, sowie als Beschäftigung mit den Werken Gottes, die seiner Ansicht nach eine genauso legitime Quelle der Offenbarung waren wie das Studium der Bibel.

Bacon verlieh den Naturwissenschaften etwas Ega-

1 Dieser nicht wörtlich überlieferte Ausspruch geht zurück auf einen Aphorismus Bacons in: Neues Organon der Wissenschaften I, 3. Darmstadt 1974, S. 26.

litäres, indem er verkündete, jeder, der die richtigen Methoden verwende, könne die Wahrheit entdecken; somit war die Wissenschaft nicht mehr das exklusive Reich einiger weniger Genies. Daraus ergab sich eine wichtige politische Forderung. Das soll jedoch nicht heißen, daß Bacon einfach nur den »common sense« verteidigte. Zu den wesentlichsten Aspekten seiner Philosophie gehörte vielmehr die Kritik an unterschiedlichen »Idolen« der Menschen, die der angemessenen wissenschaftlichen Forschung im Weg stehen oder ihre Ergebnisse verzerren. Solche »Idole« waren beispielsweise (vergötterte) Vorurteile und falsche Ansichten, die wir von unseren Vorfahren erlernt haben und nicht in Zweifel ziehen. Der menschliche Glaube unterliegt einer natürlichen Trägheit, einem angeborenen Konservatismus, der es dem Menschen schwer macht, eine etablierte und bequeme, wenn auch falsche Ansicht aufzugeben. Wunschdenken, Hoffnungen und Begierden stehen der umsichtigen Wahrnehmung und dem »tatsächlichen Erfahren« nur allzuoft im Weg. Außerdem können wir uns nicht immer auf unsere Sinne verlassen. Dieser Meinung waren nicht nur die Philosophen der Antike und Francis Bacon, sondern auch der später geborene René Descartes. Schließlich attackierte Bacon noch das Festhalten an Aristoteles' teleologischem Erklärungsmodell. Die Natur verhält sich nicht so, wie sie es tut, weil Objekte und Ereignisse ein Ziel (*telos*) haben, sondern weil sie Kausalgesetzen gehorchen.

Der politische Aspekt von Bacons Begriff einer neuen Wissenschaft entging seinem Freund *Thomas Hobbes* (1588–1679) nicht. Auch Hobbes war ein Wegbereiter der neuen Wissenschaft und übte grundlegende Kritik an Aristoteles' teleologischer Sicht des Universums. Außerdem war er einer der wichtigsten Architekten der modernen politischen Theorie und ein Gegner der aristotelischen Auffassung vom Menschen als *zoon politikon*, als Lebewesen, das von Natur aus zur Geselligkeit neigt. Als Metaphysiker, nicht als Naturwissenschaftler, entwickelte Hobbes ein rein materialistisches und mechanistisches Modell der Welt als bloßer »Materie in Bewegung«. Dabei handelte es sich um die vermutlich entmenschlichteste und schwärzeste Darstellung des Universums seit Demokrit. Solche radikalen Vorstellungen brauchen immer auch ein Gegengewicht. So mochte Hobbes an ein mechanisches Universum glauben, aber nicht an ein gottloses. Die Hälfte seiner Laufbahn (und praktisch die Hälfte seines berühmtesten Buches *Leviathan*) verwendete er auf die Verteidigung einer materialistischen Kosmologie, die die Theologie nicht ausschloß.

Hobbes ist jedoch am bekanntesten für seine strenge Sicht des menschlichen Lebens im »Naturzustand« vor der Herausbildung der Gesellschaft. Der Mensch, so beginnt Hobbes im *Leviathan*, sei im Naturzustand egoistisch und kenne keine Gerechtigkeit. Das Leben sei »ein Krieg aller gegen alle« und folglich »hart, grausam und kurz«.[1] In diesem gefährlichen und aggressiven Umfeld taten sich Männer und Frauen zu einem Staat zusammen und schlossen einen Gesellschaftsvertrag zur Erlangung allgemeiner Sicherheit und Vorteile. Sie unterwarfen ihre Willkür dem »Herrscher«, dem König, der nicht

1 Thomas Hobbes. Leviathan, I, 12; übers. und hrsg. von J. P. Mayer. Stuttgart 1978, S. 115.

von Gottes Gnaden, sondern aufgrund der Übereinkunft aller über sie herrschte. Durch diese Übereinkunft wurde die Menschheit nun von der Idee der Gerechtigkeit beschützt, doch diese Gerechtigkeit war ein Produkt des Gesellschaftsvertrags, nicht seine Voraussetzung.

In diesem Zusammenhang wollen wir nun noch ein politisches Genie erwähnen, das fast ein Jahrhundert vor Hobbes schrieb, *Niccolò Machiavelli* (1469–1527). Machiavelli bereitete inmitten des Chaos und der Korruption des Renaissance-Italien den Boden für die moderne Politik. In seiner berühmten Schrift *Der Fürst* heißt es ganz unmißverständlich, daß die Politik nicht moralisch ist. In der Politik geht es nach Machiavellis Ansicht ausschließlich um Manipulation und Strategie, nicht um die Liebe zum Volk oder etwas so Idealistisches wie die Verantwortung des Bürgers. In seinem Werk *Die Kunst des Krieges* behandelte Machiavelli den Krieg als einen Normalzustand zwischen Staaten, der eine kontinuierliche Vorbereitung und Strategie erfordere, damit man nicht plötzlich auf eine Bedrohung reagieren und eilig unvorbereitete Truppen zusammenziehen müsse. Machiavelli und Hobbes brachen mit der aristotelischen Gleichsetzung von Politik und Ethik; vielleicht war dieser Bruch sogar noch bedeutender als die von Francis Bacon eingeleitete wissenschaftliche Revolution. Diese stellte zwar neue schreckliche Waffen zur Verfügung, aber Hobbes' und Machiavellis Gedanken ermöglichten erst den politischen Willen, sie tatsächlich einzusetzen.

Wer weiß? Die Rolle des Zweifels bei Descartes und Montaigne

Voller Hoffnung und Zuversicht begannen die Philosophen der Spätrenaissance zu glauben, daß echtes Wissen nicht nur um seiner selbst willen zugänglich und wertvoll sei, sondern auch als Werkzeug der Macht dienen könne. Sie wurden auch insgesamt skeptisch und betrachteten das, was sie bis dahin für »offensichtlich« gehalten hatten, mit Argwohn. Doch es tat sich noch ein tieferes Paradox auf: Die Quelle objektiven Wissens sollte in der eigenen Subjektivität, der Erfahrung, gefunden werden. Wir lernen die »äußere« Welt kennen, indem wir nach »innen« schauen. Die Vorzüge dieser Betonung von Subjektivität und Objektivität liegen auf der Hand. Durch ihre Forderung nach Subjektivität konnten die neuen Philosophen nicht nur die etablierte Autorität der Kirche, sondern auch die von Gott eingesetzten weltlichen Herrscher umgehen. Die Betonung der Subjektivität eröffnete außerdem den Weg zu einem bemerkenswerten Egalitarismus: Was als wahr gilt, entscheidet nun jeder einzelne von uns. Und was wir mit angemessenen Methoden der Vernunft und Erfahrung als wahr etablieren, gilt nicht nur für unsereins, sondern als objektive Wahrheit über die Welt. Doch diese Wendung nach innen erzeugte auch neue Zweifel: Sind wir zu solchem Wissen überhaupt fähig?

Aus diesem Paradox der Objektivität in der Subjektivität entstand die moderne Philosophie. *René Descartes* (1596–1650) wird gemeinhin als der moderne Urheber dieses Paradoxons und als »Vater der modernen Philosophie« angesehen. Descartes verlangte am vehementesten, daß man sich der Subjektivität und der Logik verschreiben müsse, um mit mathematischer Exaktheit zugleich den Weg zur Objektivität zu beschreiten. Bereits vor ihm bestand sein Landsmann *Michel de Montaigne* (1533–1592), ein Moralist, kein Naturwissenschaftler oder Mathematiker, auf derartiger intellektueller Disziplin.

Montaigne schrieb »Essays«, keine methodologischen Abhandlungen. Ähnlich wie sein Vorgänger Erasmus machte er sich Gedanken über die Torheiten des Menschen, nicht über sein Wissen. Er bezweifelte, daß die Menschen in der Lage sind, die Wahrheit zu finden oder sie überhaupt zu erkennen, falls sie auf sie stoßen, zumal sie anscheinend unfähig sind, die Gerechtigkeit zu verstehen, oder noch wichtiger: gerecht zu handeln. Montaigne berief sich auf die Skeptiker; für ihn bestand der Zweck der Philosophie darin, unser spontanes, aber schlichtes Wesen zu erhellen und anzuregen. Die intellektuellen Übungen der Scholastik hielt er deshalb zumindest für sinnlos, wenn nicht gar für gefährlich. Die menschliche Gesellschaft und Philosophie seien eben furchtbar eitel. Im übrigen kann die Weigerung, auf sicherem Wissen zu bestehen, zu einer anderen Tugend führen, einer Tugend, die in schwierigen Zeiten von besonderer Bedeutung ist – zu *Toleranz*. Und gerade an dieser Toleranz sollte es in der Moderne trotz aller gegenteiligen Beteuerungen mangeln.

Die Grundthemen, die einen großen Teil der modernen Philosophie bestimmen, lassen sich auf Descartes zurückführen – zum Beispiel seine Betonung der Methodologie, seine Suche nach Gewißheit und seine Zuversicht, daß sich diese Gewißheit, wenn sonst nirgends, in der Mathematik und der Geometrie finden ließe. Als Junge hörte Descartes, daß Galileo Galilei mit einem bemerkenswerten neuen Gerät, dem Teleskop, die Monde des Jupiters entdeckt habe. Natürlich führten Entdeckungen wie diese zu allen möglichen Fragen über die Natur des Wissens, die Zuverlässigkeit des äußeren Anscheins, unser Unwissen über die Welt und über die Methoden, mit denen wir unser Wissen zu erweitern versuchen. Die neue Wissenschaft warf die alten Fragen nach der relativen Verläßlichkeit von Vernunft und Sinnen sowie neue brisante Fragen nach den Grenzen unserer Erkenntnis auf. Descartes war wie Montaigne zutiefst beunruhigt über die fortdauernden religiösen Wirren in Europa. Montaigne hatte Toleranz empfohlen, Descartes schlug nun seinerseits vor, sich auf die Vernunft zu verlassen. Die bedächtigen und überzeugenden Argumente der Vernunft boten eine willkommene Alternative zu den aggressiven, blutigen religiösen Disputen, die ganze Nationen entzweiten. Descartes' wichtigste These geht davon aus, daß die Menschen die Fähigkeit zum selbständigen Denken haben. Daher beginnt seine Philosophie mit der Forderung, daß jeder von uns die Wahrheit dessen festsetzen soll, was wir glauben. Zu diesem Zweck ersann er eine radikale Methode, »die Methode des Zweifels«, mit der er alle seine Ansichten hinterfragte, bis sie sich als erwiesen herausstellten.

Descartes nähert sich diesen Fragen in seinem bekanntesten Werk, das immer noch für viele Studenten auf aller Welt die Standardeinführung in die Philosophie darstellt, in den *Meditationes de prima philosophia* von 1641. Descartes orientierte sich stilistisch an Montaigne und wählte für die *Meditationes* die Form eines lockeren

Gesprächs. Darin lädt er uns ein, an seinen Überlegungen teilzunehmen. Trotz der stilistischen Ähnlichkeiten mit Montaigne kommt Descartes jedoch zu einem völlig anderen Schluß als sein Vorgänger. Montaigne wollte, daß wir uns selbst beobachten, indem wir ihn als Spiegel benutzen und unser eigenes Unwissen erkennen, damit wir bescheiden und menschlich damit umgehen. Descartes hingegen fordert uns auf, mit unseren Zweifeln bis an die Grenzen zu gehen, sie bis an den Punkt der Absurdität zu treiben, von wo sie abprallen und uns zur unbezweifelbaren Wahrheit führen. Montaigne nahm den Menschen an die Hand und teilte ihm seine Gedanken mit. Descartes setzt ihn der Disziplin der scholastischen Diskussion aus und gibt sich größte Mühe, dabei jeden seiner Schritte zu überprüfen und zu verteidigen. Montaigne erwies sich als Skeptiker. Descartes erklärte seinen Sieg über den Skeptizismus. Er kam zu dem Schluß, daß er überhaupt nicht irregeführt worden sei. Er hätte nicht einmal wirklich gezweifelt.

Angenommen, so Descartes, irgendein »böser Geist, der zugleich allmächtig und verschlagen ist, habe all seinen Fleiß daran gewandt, mich zu täuschen«.[1] Angenommen auch, daß Descartes sich in seinem Glauben irrt, er sei wach und träume nicht, er habe einen Körper, es gebe eine »externe Welt«, es gebe einen Gott. Wie könnte er je das, was er weiß, von dem, was er lediglich glaubt, unterscheiden und das, was wahr ist, von dem, was falsch ist? Descartes wendet in seiner Argumenta-

1 Descartes. Meditationes de prima philosophia. Meditationen über die Grundlagen der Philosophie. II. Lat.-dt. hrsg. von Lüder Gräbe. Hamburg 1959, S. 39.

tion die mathematische Methode an, in der jedes Prinzip sich von anderen Prinzipien herleiten lassen muß, die bereits aufgrund wieder anderer Prinzipien bewiesen sind. Alle Prinzipien müssen sich schließlich auf eine Reihe von Prämissen zurückführen lassen, die so offensichtlich wahr sind, daß man sie als »selbstverständlich« bezeichnen kann. Eine solche Prämisse ist Descartes' berühmter Satz »Ich denke, also bin ich«.[1]

Diese Behauptung sieht (wegen des »also«) vielleicht wie ein Argument aus, ist aber in Wirklichkeit eine Offenbarung, die sich selbst bestätigende Erkenntnis, daß man mich hinsichtlich der Tatsache meiner eigenen Existenz nicht täuschen kann. Von dieser Prämisse aus macht Descartes sich daran, die Existenz Gottes zu beweisen, und zwar nach der Methode der Scholastiker. (»Es ist unmöglich, daß die Vorstellung von Gott, die wir in uns tragen, nicht Gott selbst als Ursache hat.«[2]) Mit Gottes Existenz wiederum läßt sich die Existenz der externen Welt beweisen. Wenn Descartes sich der Existenz Gottes, der ja kein Betrüger ist, sicher sein kann, kann er auch zuversichtlich sein, daß alles, was er »klar und deutlich« denkt, wahr sein muß. Das heißt, der böse Geist ist bezwungen.

Man könnte diesen Argumenten widersprechen, und man könnte auch in Frage stellen, ob Descartes wirklich so heftig und gründlich zweifelte, wie er behauptete. Dennoch legte er die Basis aller philosophischen Untersuchungen fest: die Forderung nach Gewißheit und Unbezweifelbarkeit. Das wirklich Neue und Wichtige

1 A.a.O. S. 47.
2 A.a.O. V, S. 121.

bei Descartes ist jedoch weniger sein Bestehen auf Gewißheit als seine Betonung der primären Rolle der Subjektivität, der eigenen Gedanken und Erfahrung. Die Autorität der Philosophie findet sich nun nicht mehr bei den Weisen oder in der Heiligen Schrift, sondern im Geist des individuellen Philosophen.

Eines der Nebenprodukte der cartesischen Philosophie war eine neue Betonung der platonischen und christlichen Unterscheidung zwischen Geist und Körper (eine Unterscheidung, die Aristoteles praktisch nicht kennt). Descartes geht davon aus, daß der Mensch eine Verkopplung zweier unterschiedlicher Substanzen, nämlich des Geistigen und des Körperlichen, ist. Da aber eine Substanz als etwas definiert wird, das gänzlich unabhängig ist, erhebt sich die Frage, wie Geist und Körper interagieren. Die These, daß Geist (»res cogitans«) und Körper (»res extensa«) voneinander unabhängige Substanzen sind, ist unter der Bezeichnung »cartesianischer Dualismus« bekannt. Mit ihr setzen sich Philosophen und Naturwissenschaftler bis zum heutigen Tag auseinander.

Allerdings dürfen wir nicht glauben, daß Descartes einen dummen Fehler machte, indem er willkürlich Geist und Körper als unabhängige »Substanzen« voneinander schied und dann nicht mehr so recht wußte, wie er die beiden wieder zusammenbringen sollte. Der Dualismus von Körper und Geist war vielmehr das Ergebnis jahrhundertelanger intellektueller Entwicklung, des Fortschritts der Wissenschaft und der neu entdeckten Schätzung der Autonomie des Individuums. Die Unterscheidung zwischen Körper und Geist eröffnete den mit der natürlichen Welt befaßten Wissenschaften ein Betätigungsfeld, in dem sie ungehindert von Religion oder von moralischen Bedenken hinsichtlich der Eigenheiten des menschlichen Geistes, der menschlichen Freiheit, der menschlichen Fähigkeit, die physische Realität zu »transzendieren« etc., vorankommen konnten. Die Unterscheidung gewährte auch ein Reich der Religion und der menschlichen Freiheit, das von den Naturwissenschaften nicht bedroht werden konnte. Körper und Geist zusammenzubringen, war längst nicht so wichtig, wie sie sicher auseinanderzuhalten.

Warum passieren die Dinge? Spinoza, Leibniz, Newton

Ein großer Teil der modernen Philosophie wurde bestimmt von Descartes' metaphysischen und epistemologischen Argumenten, auch wenn sie nicht mehr viel mit dessen eigenen Interessen und Angelegenheiten zu tun hat. Den Hintergrund für Descartes' Verherrlichung der Vernunft bildeten die politischen und religiösen Wirren seiner Zeit und die neue Gewichtung der Naturwissenschaften. Andere Philosophen folgten Descartes in das Reich der Metaphysik, aber auch ihnen ging es, abgesehen von der metaphysischen Natur der Welt, noch um etwas anderes. Der Holländer *Baruch de Spinoza* (1632–1677) und der Deutsche *Gottfried Wilhelm Leibniz* (1646–1716) zum Beispiel spielten Descartes' aristotelische Vorstellung von der Substanz herunter und beschäftigten sich hauptsächlich mit dem Sinn des Lebens und unserer Rolle in der Welt.

Spinoza war ein jüdischer Freidenker, dessen Skeptizismus seinen orthodoxen Glaubensgenossen nicht gefiel. Er wurde aus seiner Amsterdamer Glaubensgemeinschaft ausgeschlossen, verbrachte den größten Teil seines traurigen Lebens in der Abgeschiedenheit und verdiente sich seinen kargen Lebensunterhalt durch das Schleifen optischer Gläser. (Er starb schließlich am eingeatmeten Glasstaub.) Spinozas Hauptschrift ist *Die Ethik nach geometrischer Methode dargestellt*, ein Titel, der immer wieder diejenigen Leser verwirrt, die von einer Ethik eine Lebensphilosophie erwarten und sich statt dessen einem Gewirr aus beißender Prosa gegenübersehen, die wie eine ausgedehnte geometrische Abhandlung mit Axiomen, Theoremen, logischen Rückschlüssen und Beweisen daherkommt.

Doch der Schein kann trügen. Descartes stellte seine logischen Beweise im behaglichen Kontext einer Meditation in seinem Arbeitszimmer dar, obwohl seine Philosophie alles andere als intim ist und auch keine persönlichen Enthüllungen enthält. Spinoza hingegen tarnt seine persönliche Angst und seinen philosophischen Lösungsvorschlag in einem äußerst förmlichen und imposanten deduktiven Stil. Das Buch ist ein von Herzen kommender Vorschlag für eine bessere Art zu leben, eine Lösung für das Problem der Einsamkeit und Isolation, eine Antwort auf das Leiden und die Enttäuschungen des Lebens. Historisch gesehen, handelt es sich dabei um einen stoischen Text in der Tradition von Chrysippos, Epiktet und Mark Aurel.

Um Gewißheit zu erlangen, versuchte Spinoza mit seiner geometrischen Methode der cartesischen Methode zu folgen; der erste Teil seiner Ethik bemüht sich, den Schluß zu beweisen, daß es nur eine einzige Substanz mit unendlich vielen Attributen geben kann. Es kann nur eine einzige Substanz geben, weil Substanzen laut Spinoza ihrer Natur nach vollkommen sich selbst enthalten. Und diese Eine Substanz ist Gott. Folglich ist Gott eins mit dem Universum und die Unterscheidung zwischen Schöpfer und Schöpfung illusorisch. »Deus sive natura«[1], »Gott oder Natur«, beides ist dasselbe. (Die Vorstellung, daß Gott und das Universum ein und dasselbe sind, heißt *Pantheismus*.)

Alle Individuen einschließlich unserer selbst sind lediglich Modifikationen der Einen Substanz. Es gibt unendlich viele Attribute einer Substanz, darunter auch das, was wir als Körper und Geist kennen. (Das löst auf rein technischer Ebene das alte Körper-Geist-Problem, weil Körper und Geist nun nicht mehr unterschiedliche Substanzen sind, sondern nur unterschiedliche Aspekte ein und derselben Substanz.) Spinozas Behauptungen über diese Substanz implizieren jedoch weit mehr und sollten nicht allein als technisches Problem der Metaphysik verstanden werden.

In Spinozas Weltsicht gibt es letztlich keinen Unterschied zwischen den verschiedenen Individuen. Wir sind alle Teil derselben einzigen Substanz, die auch Gott ist. Das bedeutet, daß unser Gefühl der Isolation von und der Opposition zu den anderen reine Illusion ist, und das bedeutet auch, daß unser Gefühl der Distanz von Gott ein Irrtum ist. Diese erbauliche Sicht wurde besonders wichtig an der Wende zum neunzehnten Jahrhundert, als christliche Philosophen ebenfalls versuchten, das zu überwinden, was sie »Entfremdung« zwischen

1 Baruch de Spinoza. Die Ethik nach geometrischer Methode dargestellt. IV; übers. von Otto Baensch. Hamburg 1976, S. 187.

Menschen und Völkern und die entfremdende Vorstellung von einem transzendenten Gott, also einem Gott »jenseits« von uns, nannten. Da die Eine Substanz seit jeher existiert und immer existieren wird, ist unsere eigene Unsterblichkeit gesichert.

Spinoza vertrat außerdem die These, die allgemein unter der Bezeichnung *Determinismus* bekannt ist. Determinismus bedeutet, daß sich aus einer gegebenen Ursache notwendig eine Folge ergibt. Spinozas Determinismus beschäftigte sich nicht vorrangig mit den Naturwissenschaften, sondern mit dem, was wir wohl unter *Schicksal* verstehen würden. Spinozas Ansicht nach geschieht alles, was passiert, notwendigerweise. Immer vorausgesetzt, das Universum ist Gott, können wir deshalb zuversichtlich sein, daß alles, was uns widerfährt, *aus einem bestimmten Grund* passiert.

Der Determinismus bildete die Grundlage für Spinozas ethische Leitsätze. Er empfahl den Menschen, sich als eins mit Gott und den anderen Menschen zu begreifen und ihr Leben als von der Notwendigkeit bestimmt zu sehen. Doch ähnlich wie die frühen Stoiker argumentierte Spinoza, daß diese befriedigende Sicht von uns selbst leicht durch unsere Gefühle verzerrt wird, die »verwirrte Ideen« sind. Die frühen Stoiker lehrten, daß Begierden irreführen und auf einem falschen Verständnis von uns selbst und der Welt basieren. Wir wollen, was wir nicht haben können, oder wir wollen, was wir bereits haben (ohne es zu wissen). Spinozas Weltsicht lehrt uns deshalb, daß es sinnlos ist, etwas zu wollen, das nicht für uns bestimmt ist, und daß wir vieles von dem, was wir uns ersehnen – die Einheit mit anderen Menschen, das Einssein mit Gott –, bereits haben.

Was wir brauchen, ist eine Beherrschung unserer Emotionen, und die richtige philosophische Einstellung, um sie zu erreichen, ist die sogenannte Akzeptanz oder »Ergebenheit«.

Anders als die Stoiker der Antike jedoch lehnte Spinoza die Gefühle nicht in Bausch und Bogen ab. Er versicherte uns ganz im Gegenteil, daß das Gefühl, das mit der Einstellung der Ergebenheit einhergeht, *Glückseligkeit* ist, ein Gefühl, das allen anderen vorzuziehen ist. Das höchste Gefühl des Glücks liegt nicht in der illusorischen Macht oder im Widerstand, sondern in dieser philosophischen Anschauung, die Spinoza auch die intellektuelle Liebe zu Gott, *amor dei intellectualis*, nennt.

Laut Leibniz führt dieselbe Prämisse – daß nämlich Substanzen sich ihrer Natur nach vollkommen selbst enthalten – zu dem Schluß, daß die Welt aus unzähligen einfachen Substanzen besteht. Diese einfachen Substanzen heißen *Monaden*, die alle sich selbst genügen und unabhängig von allen anderen sind. Gemäß dieser Weltsicht ist Gott die »Supermonade«, der Schöpfer aller anderen Monaden. Jede dieser Monaden ist wie ein kleines Selbst oder eine kleine Psyche und nimmt die Welt – einschließlich der Interaktionen mit den anderen Monaden – aus ihrer eigenen Perspektive wahr. Doch in Wirklichkeit interagiert keine Monade mit den anderen. Leibniz geht davon aus, daß die Monaden »fensterlos« sind. Die »Wahrnehmungen« einer Monade sind demnach keine Wahrnehmungen im herkömmlichen Sinne, sondern vielmehr innere Zustände, die mit den inneren Zuständen aller anderen Monaden in einer von Gott etablierten »prästabilierten Harmonie« korrespondieren.

Im Vergleich mit dem abgeschiedenen Leben Spinozas konnte man Leibniz fast als enorm umtriebigen Intellektuellen bezeichnen. Er kannte alle – die Herrscher in Europa, alle großen Geister seiner Zeit. (Er lernte sogar Spinoza kennen.) Er entwickelte die Infinitesimalrechnung (die unabhängig von ihm auch Newton entdeckte). Leibniz war Naturwissenschaftler, Rechtswissenschaftler, Historiker, Staatsmann, Akademiker, Logiker, Linguist und Theologe. Er verfaßte das kenntnisreichste Buch seiner Zeit über China. Leibniz nahm sein Leben lang an philosophischen Diskussionen und Briefwechseln teil, veröffentlichte aber – sei es nun aus Umsicht oder weil er zu sehr mit anderen Dingen beschäftigt war – nur sehr wenig. Leibniz gilt hauptsächlich als Logiker und Metaphysiker, obwohl seine bewegendsten Schriften sich mit seiner optimistischen Weltsicht beschäftigen, einer Weltsicht, die im Kontext der schrecklichen Kriege und religiösen Dispute verstanden werden muß, die im siebzehnten Jahrhundert Europa heimsuchten.

Leibniz setzte sich für die Entwicklung einer Weltsprache und einer Universallogik ein, in der sich alle Probleme durch nüchterne, rationale Überlegung lösen ließen. Das grundlegende Prinzip seiner Philosophie war der »Satz vom zureichenden Grund«[1], der besagt, daß nichts ohne Grund geschieht. Da jeder Grund auf Gott zurückzuführen ist und Gott das Universum bestimmt (indem er die Monaden und ihre Wahrnehmungen erschafft), können wir davon ausgehen, daß diese Gründe *gute*, ja sogar die besten Gründe sind. Diese

1 G. W. Leibniz. Die Theodizee. Übers. von Artur Buchenau. Leipzig 1925, S. 124.

These gehört zu den bekanntesten von Leibniz, vor allen Dingen deshalb, weil Voltaire sich in *Candide* darüber lustig machte. Die These sieht folgendermaßen aus: Obwohl Gott eine unendliche Menge von Wahlmöglichkeiten zwischen unterschiedlichen möglichen Welten hat, entscheidet er sich immer nur für die beste davon, für *die beste aller möglichen Welten.*

Über Leibniz' Argumentation läßt sich vielleicht streiten, aber sie ist auf jeden Fall erbaulich. In Zeiten des Umbruchs hilft es immer zu glauben, daß hinter allem, was geschieht, ein Grund steckt. Aus dieser Sicht ergibt sich eine weitere klassische Antwort auf das Theodizee-Problem: Das, was wir als böse sehen, hängt ausschließlich von unserer beschränkten Sicht ab, von unserem Unvermögen, die Gesamtheit aller Möglichkeiten wahrzunehmen. Dem heutigen Menschen am Ende des besonders zynischen zwanzigsten Jahrhunderts dürfte es schwerfallen, Leibniz' hoffnungsvollen Glauben zu akzeptieren, aber, wie gesagt, wir sollten ihn im Kontext seiner Zeit sehen.

Eine Geschichte der modernen Philosophie wäre unvollständig ohne die Beschäftigung mit *Isaac Newton* (1643–1727), dem bedeutendsten Physiker seiner Zeit. Es würde den Rahmen dieses Buches sprengen, die Physik Newtons oder auch die Theologie darzustellen, mit der er sich die letzten Jahrzehnte seines Lebens auseinandersetzte. Newtons Einfluß auf die Naturwissenschaften sowie sein Vorbild für die Welt waren wesentlicher Bestandteil des achtzehnten Jahrhunderts. Er demonstrierte die Möglichkeit, die Welt zu verstehen mit Hilfe einiger weniger einfacher, eleganter Prinzipien. Und die Spannung zwischen seiner materiellen und mechanischen physischen Theorie der Welt und seinem Glauben entsprach genau der Spannung, die damals ganz Europa zu beschäftigen begann.

Bis zum ausgehenden siebzehnten Jahrhundert waren die Naturwissenschaften immer wieder einmal ein Ärgernis für die religiösen Autoritäten gewesen, aber es gab keinerlei Hinweise darauf, daß sie jemals eine wirkliche Bedrohung für die Religion darstellen würden. Diese Bedrohung war vielmehr von innen gekommen, wenn eine religiöse Gruppe wegen eines theologischen Details den Kampf gegen eine andere aufnahm (oft ging es dabei auch um ein wichtiges Stück Land oder einen politischen Vorteil). Doch gegen Ende des Jahrhunderts hatten die Naturwissenschaften eine so wichtige Stellung errungen, daß sie nicht mehr nur Anlaß zu Ärgernissen gaben. Nun stand die naturwissenschaftliche Weltsicht in direktem Widerspruch zur etablierten Weltsicht der Religion. Für viele sensible Denker wurde dieser direkte Widerspruch zwischen Naturwissenschaften und Religion fast unerträglich. Newton gehörte zu ihnen.

Die Suche nach allgemeingültigen Aussagen: Die Aufklärung

Mit dem Aufstieg der Naturwissenschaften und ihrem allmählichen Sieg über die Autorität der Kirche fand Europa einen neuen Glauben, den Glauben an die Vernunft. Die sogenannte *Aufklärung* hatte ihre Ursprünge in England und stützte sich sowohl auf die naturwissenschaftlichen Erkenntnisse von Isaac Newton als auch auf die schnellen und relativ unblutig herbeigeführten Veränderungen der Glorreichen Revolution am Ende des siebzehnten Jahrhunderts. Sodann griff sie auf Frankreich über, getragen von jungen Intellektuellen wie Voltaire, die in England gewesen waren, und kulminierte in der Französischen Revolution von 1789. Schließlich breitete sie sich südlich und östlich nach Spanien, Italien und Deutschland aus, wo sie auf heftigen Widerstand seitens der katholischen Kirche mit ihrer traditionellen Weltsicht traf. Man sollte die Aufklärung als Fortsetzung der in der Renaissance begonnenen »Wiedergeburt« sehen, als Bestätigung des Humanismus, verbunden mit einem neuen Vertrauen in die menschliche Vernunft.

Die Aufklärung als solche war nicht antireligiös, im Gegenteil: Manche ihrer prominentesten Vertreter waren tief gläubig. Doch unter Berufung auf Descartes und die neuen Naturwissenschaften setzten die Philosophen der Aufklärung großes Vertrauen in ihr eigenes Vernunftvermögen, in ihre eigenen Erfahrungen und ihre intellektuelle Autonomie. Das mußte zwangsläufig zu einer Kritik an der Kirche und deren autoritären Lehren führen (die die Philosophen der Aufklärung »Aberglauben« nannten). Im Gegensatz zu den blutigen sektiererischen Kämpfen der vorangegangenen Jahrhunderte betonten die Philosophen der Aufklärung nun das »Kosmopolitische« – sie sahen sich als Weltbürger, hielten Staatsgrenzen für unwichtig und verwarfen jegliche Konfessionszugehörigkeit. Bei ihren Wahrheiten sollte es sich um allgemeingültige Wahrheiten handeln, die den anderen nicht einfach auferlegt, sondern von diesen selbständig entdeckt werden sollten.

Viele französische Philosophen dieser Zeit waren

Atheisten und Materialisten, die in der rationalen Ordnung der Dinge keinen Platz für einen autoritären Gott sahen. Alle Philosophen der Aufklärung glaubten statt dessen an die Vernunft. Durch die Vernunft, so meinten sie, wären sie mit Hilfe der Naturwissenschaften nicht nur in der Lage, die grundlegenden Geheimnisse der Natur zu entdecken, sondern auch, ein Paradies auf Erden zu schaffen, eine Gesellschaft, in der es kein Elend und keine Ungerechtigkeit mehr gäbe. So konnte der *Marquis de Condorcet* (1743–1794), ein Verfechter der Aufklärung, während er in der Französischen Revolution seine Hinrichtung gewärtigen mußte, angesichts der Irrtümer, Verbrechen und Ungerechtigkeiten, die noch immer die Erde vergifteten und denen er selbst zum Opfer gefallen sei, Trost finden in der Vision vom Menschen, der befreit von seinen Fesseln sicheren, festen Schrittes auf dem Pfad der Wahrheit, der Tugend und des Glücks voranschreitet.

Locke, Hume und der Empirismus

In England reagierte *John Locke* (1632–1704) kritisch auf Descartes' Vertrauen in die Vernunft. Er war der Meinung, daß wir unser Vertrauen nicht in die abstrakte Vernunft und Spekulationen setzen sollten, sondern in die Erfahrung und unsere Fähigkeit, durch unsere Sinne etwas über die Welt zu lernen. Mit Locke begann die lange Tradition des britischen Empirismus, der nun endlich den in der westlichen Welt seit Platon herrschenden Argwohn gegenüber den Sinnen über Bord warf. Locke war der Meinung, daß jegliches Wissen von den Sinnen kommt. Dieser Meinung schlossen sich schon bald der irische Bischof George Berkeley und der schottische Philosoph David Hume an.

Anders als Descartes, Spinoza und Leibniz, jene »Rationalisten« also, die von einer ziemlich komplexen Struktur des Geistes ausgingen, war Locke der Ansicht, daß der Geist ein »unbeschriebenes Blatt« (»*tabula rasa*«[1]) ist, das erst durch die Erfahrung beschrieben wird. Die Rationalisten argumentierten, es gebe eine ganze Reihe angeborener Ideen, zum Beispiel von der Substanz, von Gott. Locke hingegen meinte, der Geist sei eher so etwas wie ein leerer Schrank, der ausschließlich von dem Licht erhellt werde, das von außen eindringt.

Locke mußte im Hinblick auf seinen Empirismus jedoch mindestens zwei wesentliche Kompromisse eingehen. Zum einen pflichtete er der Ansicht der Metaphysiker bei, daß es für uns notwendig ist, über die Dinge an sich sprechen zu können, unabhängig von unserer Erfahrung. Man könnte meinen, daß Locke angesichts seiner eigenen Methode zu dem Schluß hätte kommen müssen, daß wir nur die sinnlich wahrnehmbaren Eigenschaften der Dinge erkennen können. Doch das ergäbe ein Problem: Dann könnten wir überhaupt keine Dinge kennen, sondern nur Bündel von Eigenschaften. Locke schließt daraus, daß wir die Existenz der Dinge an sich ableiten, weil wir uns nicht vorstellen können, daß Eigenschaften existieren, ohne Eigenschaften von etwas zu sein.

1 John Locke. Über den menschlichen Verstand, II, 1, 2; übersetzt von J. H. v. Kirchmann und C. Winckler. Hamburg [3]1976, Bd I, S. 107.

Zum anderen ging Locke mit seinem Empirismus einen Kompromiß ein, nämlich als er zwischen zwei verschiedenen Arten von Eigenschaften oder Qualitäten unterschied, denen, die wir als einem Objekt inhärent wahrnehmen, wie zum Beispiel seine Form oder seine Masse, und denen, die wir *in uns selbst* wahrnehmen, Wirkungen, die ein Ding auf uns hat. Ein Beispiel für eine solche Einwirkung ist die Farbe. Wie die Farbe liegen alle »sekundären« Eigenschaften »in uns«, nicht »da draußen« in der Welt. Man könnte jedoch argumentieren, daß alles, was wir erfahren, in uns, in unserem Geist, liegt und daß weder eine Notwendigkeit noch eine Rechtfertigung dafür besteht, von der Welt »da draußen« zu sprechen.

Bischof *George Berkeley* (1685–1753) kam hinsichtlich Lockes Betonung einer rein empirischen Methode zu genau jenem Schluß. Berkeley hatte kein Problem damit anzunehmen, daß es abgesehen von der Welt in unserem Geist keine substantielle Welt gebe. Seiner Ansicht nach bestand die Welt aus Ideen – eine Haltung, die man von nun an als Idealismus bezeichnete. Als Mann der Kirche sah Berkeley in diesem Konzept eine Möglichkeit, Gott in den Mittelpunkt seiner Philosophie zu stellen. »Sein ist Wahrgenommenwerden« (»esse est percipi«[1]), argumentierte Berkeley, doch alles, was ist, wird nicht nur vom Menschen wahrgenommen, sondern auch von Gott. Hier zeigt sich deutlich, wie ähnlich Berkeleys Gedankengänge, wenn auch

1 George Berkeley. Eine Abhandlung über die Prinzipien der menschlichen Erkenntnis; §3. Übers. von F. Überweg, hrsg. von A. Klemmt. Hamburg 1964, S. 26.

nicht seine Methode, der leibnizschen Lehre von den »Monaden« sind.

David Hume (1711–1776) wies besonders deutlich auf die merkwürdigen Schlußfolgerungen hin, die sich aus dem Empirismus ergaben. Hume vertrat einen so gründlichen *Skeptizismus*, wie ihn die Welt seit der Antike nicht mehr gesehen hatte. Hume war einer der brillantesten Verfechter der Aufklärung, erkannte jedoch auch, daß der Verstand – sowohl im Sinne einer wissenschaftlichen Methode als auch einer allgemeineren Rationalität verstanden – seine Grenzen überschritten hatte. Es gibt nach Hume vieles, was die Vernunft nicht kann. Sie kann zum Beispiel keine letzte Sicherheit geben oder Beweise liefern. Humes Skeptizismus war paradoxerweise das deutlichste Beispiel für solides, sich selbst prüfendes Denken der Aufklärung. Hume kam zu dem Schluß, daß nicht einmal das beste Denken das leistete, was die Denker der Aufklärung von ihm erwarteten.

Humes Skeptizismus stützte sich auf eine Reihe von Doktrinen, die sich aus der seit Bacon und Descartes andauernden Debatte über Wissen und Erkenntnis ergeben hatten. Hume war erklärter Empiriker. Jegliches Wissen entstammte seiner Ansicht nach der Erfahrung. Außerdem akzeptierte er die Unterscheidung zwischen der Erfahrung und der Welt, auf die sie sich bezieht. Aber läßt sich unser Glaube an die »äußere« Welt durch die Erfahrung etablieren? Nein, genausowenig wie sich unser Glaube an die »äußere« Welt durch Deduktion etablieren läßt, ohne an der eigentlichen Frage vorbeizugehen.

Hume kam zu dem Schluß, daß der grundlegendste Glaube des Menschen, auf dem sein gesamtes Wissen basiert, sich nicht durch die Vernunft etablieren läßt. Hume richtete seinen skeptischen Blick auch auf den Bereich der Moral und argumentierte, daß es der Vernunft nicht widerspricht, wenn ihm die Zerstörung der halben Welt lieber wäre als ein Stich in den kleinen Finger. Die Vernunft kann uns nicht dazu motivieren, moralisch zu sein. Das können nur unsere Emotionen. Jeder von uns wird mit einer natürlichen Fähigkeit zur *Sympathie* und einem natürlichen Sinn für *Nützlichkeit* geboren, mit denen wir unter anderem unsere Vorstellungen über Gerechtigkeit und Gesellschaft herausbilden.

Hume hatte eine Neigung zum *Naturalismus*, dem Gedanken, daß das, was die Vernunft nicht leisten kann, sowieso von der Natur erledigt wird. Vielleicht garantiert die Vernunft uns kein Wissen und keine Erkenntnis, aber die Natur stattet uns mit gesundem Menschenverstand aus, der es uns ermöglicht, unseren Weg in der Welt zu machen. Vielleicht garantiert die Vernunft uns keine Moral, aber unsere menschliche Natur stattet uns mit angemessenen Gefühlen aus, die uns dazu bringen, uns anständig gegenüber unseren Mitmenschen zu verhalten. Und wenn die Vernunft den Glauben an Gott und an die religiösen Vorurteile, die damit einhergehen, nicht rechtfertigen kann, nun, dann hat die Religion eben Pech gehabt. Hume war unerschütterlicher Atheist. Wenn die Schriften der Scholastiker keine soliden Argumente oder guten Beweise für den religiösen Glauben lieferten, dann müsse man sie eben den Flammen überantworten; mit dieser Forderung erzürnte Hume die Theologen. Zum Glück riet er im Hinblick auf andere unbeweisbare Ansichten – zum Beispiel unseren Glauben an die Existenz einer »externen« Welt und unseren

Glauben an die Bedeutung der Moral – nicht zu ähnlich rigorosen Maßnahmen. Vielleicht hat die Vernunft ihre Grenzen, aber unsere Gefühle und unser natürlicher gesunder Menschenverstand, kultiviert durch unsere gesellschaftlichen Traditionen, besitzen ebenfalls Macht und Ansehen. Hume erinnert uns (wieder einmal) daran, was auf der Suche nach rationaler Gewißheit, die einen großen Teil der modernen Philosophie ausmachte, so lange vernachlässigt wurde.

Philosophie und Revolution

John Locke war nicht nur Philosoph, sondern auch ein großer Theoretiker der Politik. Seine beiden Abhandlungen über die Regierung etablierten die Sprache der Grundrechte, unter ihnen das Recht auf freie Meinungsäußerung, auf religiöse Toleranz und auf Privateigentum. Diese Rechte wurden zum zentralen Thema der Revolutionen in den britischen Kolonien auf dem amerikanischen Kontinent (1776) und in Frankreich (1789) und einer Revolution im sozialen Denken, die sich als grundlegender herausstellte als die beiden Auseinandersetzungen in Amerika und Frankreich.

Lockes Theorie der naturgegebenen Rechte ist etwas bahnbrechend Neues, denn er sieht Privateigentum, gegenseitige Toleranz und Freiheit nicht mehr als Ergebnis einer Übereinkunft zwischen den Menschen, eines »Gesellschaftsvertrages«, sondern geht davon aus, daß diese Rechte allen solchen Übereinkünften vorausgehen. Der Zweck vertraglicher Vereinbarungen, zum Beispiel einer Verfassung und des Eigentumsrechts, besteht darin, diese

Rechte zu garantieren. Aber die Rechte selbst gehören dem Menschen von Natur aus. Sie sind »unveräußerbar«. Sie können ihm nicht weggenommen oder verkauft werden.

Der Gedanke, daß der Mensch ein Anrecht auf Eigentum hat, und zwar nicht durch Gesetz oder Brauch, lieferte die Basis für das, was später unter der Bezeichnung »Kapitalismus« bekannt wurde. Allerdings sollte man erwähnen, daß Locke keineswegs die unbeschränkte Anhäufung von Reichtümern befürwortete. Die protestantische Revolution hatte bereits die »Arbeitsethik« geliefert, die die weltliche Betonung des Erfolgs legitimierte. Und die Industrielle Revolution machte einen solchen Erfolg im großen Ausmaß möglich. Eine ganze Reihe von Philosophen – unter ihnen Hobbes und Locke – verteidigte das Konzept eines »Gesellschaftsvertrags«, unterhöhlte so weiter die traditionelle Autorität (zum Beispiel das »Gottesgnadentum« des Herrschers) und förderte die neue Betonung von Demokratie und Individualität. Die Reichtümer der Neuen Welt lieferten den Rohstoff für eine der größten wirtschaftlichen Revolutionen der Geschichte. Wie alle Revolutionen wurde sie von philosophischen Gedanken angeregt und angespornt.

Voltaire und Rousseau waren die beiden berühmtesten und einflußreichsten Philosophen der französischen Aufklärung. *Voltaire* (François Marie Arouet, 1694–1778) bewunderte die englische Aufklärung und Lockes politische Philosophie. Er importierte beide nach Frankreich und attackierte mit ihrer Hilfe sowohl die französische Regierung als auch die katholische Kirche. Dieser gewandte *philosophe* von eigenen Gnaden verfaßte keine philosophischen Schriften im landläufigen Sinne, sondern drückte sich lieber in polemischen Essays, politischen Kommentaren und Kritiken sowie einfallsreichen Geschichten und Fabeln aus. Voltaire verteidigte die Vernunft und die Autonomie des einzelnen leidenschaftlicher als jeder andere Philosoph seiner Zeit und genoß es, die aufgeblasenen Theorien der Metaphysik und Theologie mit seinem scharfen Witz zu entlarven. Damit bereitete er den Boden für den viele Jahre jüngeren Hume und brachte die Forderungen der Mittelschicht (genauer gesagt der *Bourgeoisie*) nach Reformen ins Rollen, die schließlich die Grundlage für die Französische Revolution bildeten.

Jean-Jacques Rousseau (1712–1778) war ein subtilerer und komplexerer Denker, der anders als sein älterer Zeitgenosse auch nicht vor großen Theorien über die Natur des Menschen und die Gesellschaft zurückschreckte. Seine frühen Essays, in denen er den angeblichen Nutzen der »Zivilisation« in Zweifel zog und das zufriedene Leben in einem ganz und gar nicht hobbesianischen Naturzustand des Überflusses verteidigte, machten ihn berühmt und führten dazu, daß die saturierte und selbstzufriedene Aristokratie Europas aufgerüttelt wurde. In Werken wie *Emile* und *Der Gesellschaftsvertrag* führte Rousseau seine Theorie von der grundsätzlich guten menschlichen Natur und seine Vorstellung von der menschlichen Gesellschaft aus, in der wir uns nicht zusammentun, um allgemeine Sicherheit zu erlangen (wie Hobbes meinte), sondern eher, um unsere »höhere« moralische Natur zu realisieren. Kinder sollten »natürlich« erzogen werden, argumentierte er; man sollte ihnen erlauben, diese höhere moralische Natur auf ihre eigene Weise und in ihrem eigenen Tempo zu entwickeln, und sie nicht in den oft »unnatürlichen« Sittenkodex der Gesellschaft einzwängen. Als »Bürger« und Teilhabende am »allgemeinen Willen« der Gesellschaft besitzen wir die Freiheit, uns das Gesetz selbst aufzuerlegen, so bleiben wir sogar im Kontext der Gesellschaft so unabhängig wie ursprünglich in der Natur. Doch wenn einer sich weigert, sich dem »allgemeinen Willen« anzuschließen, so Rousseau, könnte es nötig werden, ihn zu seiner Freiheit zu zwingen.

So glücklich der Naturzustand auch gewesen sein mag – ein Ort zur Kultivierung und Ausübung der menschlichen Tugenden war er nicht. Hier greift Rousseau auf Aristoteles zurück. Daher sieht Rousseau keinerlei Widerspruch in seinem Versuch, sowohl das natürliche Streben des Menschen nach Unabhängigkeit als auch seine Bindung an die Gesetze der Gesellschaft zu bewahren. Doch unser ursprüngliches Eintreten in die Gesellschaft erfolgte weder wissentlich noch frohen Sinns. Im Zuge eines unaufhaltsamen Verfalls verlor die Menschheit ihre natürliche Unabhängigkeit und Zufriedenheit. Es ereignete sich eine Katastrophe, der Beginn der Gesellschaft, wie wir sie kennen, und gleichzeitig der Beginn unseres Unglücks: Irgend jemand kam auf die Idee, ein Stück Land abzustecken und auszurufen: »Das gehört mir!« Die Entstehung des Privateigentums führte zu all jenen Ungleichheiten und Ungerechtigkeiten, die das menschliche Leben beherrschen.

Mit seiner Verurteilung des Privateigentums rückte Rousseau in den stärksten Widerspruch zu Locke, und in den geistigen Auseinandersetzungen Europas und Amerikas erschienen die beiden oft als Widersacher. In Amerika, den USA, einem Land der Grundbesitzer,

Anwälte, Farmer und Geschäftsleute, gewann natürlich Locke. Im gerade eben noch feudalen Frankreich kamen selbstverständlich die Gedanken Rousseaus besser an. Doch hier wie dort stellten die Grundgedanken der Aufklärung, nämlich die Bedeutung der naturgegebenen Rechte und der persönlichen Unabhängigkeit, garantiert durch den Gesellschaftsvertrag, die Basis für die Revolution dar.

Natürlich entspricht dem Gesellschaftsvertrag keine tatsächliche historische Gegebenheit. Es handelt sich dabei vielmehr um eine philosophische Fiktion, eine Metapher, die die Gesellschaft als eine freiwillige Ansammlung von einander wohlgesonnenen einzelnen vorstellt. Der Gesellschaftsvertrag definiert das Ideal einer Gesellschaft als einen Zusammenschluß, in dem wir uns freiwillig Gesetze geben. Wir regieren uns selbst, und wie im Naturzustand bleiben wir frei und unabhängig, ohne auf seine Segnungen zu verzichten.

So wurde das zentrale westliche Ideal der individuellen Autonomie vereinbar mit der Legitimität des Staates, und die Vorstellung, der Mensch sei von Natur aus gut, ersetzte die alte Vorstellung von der »Erbsünde«. Dann kamen der amerikanische Kampf um die Unabhängigkeit und die Französische Revolution. Beide waren zumindest teilweise Revolutionen der Vorstellungsarten, Unruhen, die nicht nur durch eine schlechte Regierung hervorgerufen wurden, sondern auch durch Ideen von Gerechtigkeit und Ungerechtigkeit, von dem Wesen der Gesellschaft und der menschlichen Natur.

In Amerika übernahm *Thomas Jefferson* (1743–1826) eine Reihe von Konzepten aus Europa, insbesondere von Locke und der schottischen Aufklärung. Als

Hauptautor der amerikanischen Unabhängigkeitserklärung berief Jefferson sich auf den Begriff evidenter Wahrheiten sowie auf die Idee der naturgegebenen menschlichen Rechte, darunter das Recht auf Leben, Freiheit, Privateigentum und auf das Streben nach Glück. Selbständigkeit wurde zur ersten Bürgertugend, und die Regierung hatte die Verantwortung sicherzustellen, daß jeder genug Bildung und Vermögen für die Ausbildung einer selbständigen bürgerlichen Existenz hatte. Somit ist Bildung nun kein Privileg mehr, sondern das Recht eines jeden einzelnen und eine politische Notwendigkeit. Die Religionsfreiheit war nicht mehr allein eine Angelegenheit von gegenseitiger Toleranz, sondern der Rechte und des sozialen Friedens. Die Regierung konnte sich jetzt nicht mehr auf ihr gottgegebenes Privileg oder auf ihre reine Macht berufen, sondern brauchte die Legitimierung durch das Volk.

Die Unabhängigkeitserklärung war nicht nur eine Rechtfertigung des Aufstands gegen die englische Herrschaft. Es handelte sich auch um einen erstaunlich gut formulierten Nachtrag zu den Prinzipien der Aufklärung. Die Revolution wandte sich nicht nur dagegen, daß die amerikanischen Kolonien Steuern zahlten, ohne politischen Einfluß im Mutterland zu haben. Es ging vielmehr um eine völlig neue Form der Regierung, die, wie es ein späterer amerikanischer Präsident (Lincoln) ausdrückte, »vom Volk und für das Volk« ausgeübt wird.

Der amerikanische Unabhängigkeitskrieg war keine Revolution im wortwörtlichen Sinne; er kehrte nicht das Unterste zuoberst. Es handelte sich eher um die relativ undramatische Loslösung von einer Regierung, die ohnehin weit ab vom Schuß war und sich ihren Besitzungen in der Neuen Welt gegenüber ziemlich gleichgültig verhielt. In Frankreich jedoch entwickelte sich das, was als eine Verschiebung der Macht (von der Aristokratie zur Bourgeoisie) begann, zu einem Feuersturm. Das ganze Leben in Frankreich wurde in seinen Grundfesten erschüttert. Die Konservativen auf der ganzen Welt waren entsetzt.

Die Revolution begann mit einer Ausrufung der Rechte, darunter des Rechts auf Leben und Widerstand gegen die Unterdrückung. Thomas Jefferson, der sich damals als amerikanischer Botschafter in Paris aufhielt, sagte eine allmähliche Besserung der Monarchie und die Einrichtung einer wirklich das Volk repräsentierenden Regierung voraus. Die Einberufung der Nationalversammlung, in der alle Klassen vertreten waren, versprach die bittere Klassentrennung durch Kooperation und Harmonie zu überwinden. Doch 1792 nahm die Revolution eine gewalttätige Wende: Sogenannte »Volksvertreter« schürten lokale Aufstände und richteten ein Blutbad im ganzen Land an. Maximilien de Robespierre und Jean-Paul Marat, hingebungsvolle Anhänger von Rousseau, drängten dessen Vorstellung vom »allgemeinen Willen« einem Volk auf, das vor allem auf Rache aus zu sein schien. Der König und die Königin wurden guillotiniert. Darauf folgte das sogenannte »Terrorregime« (»La Terreur«), das sogar seine rousseauschen Vordenker verschlang. 1795 schließlich stand Frankreich am Rande der Anarchie; von außen drohte Gefahr von den benachbarten Staaten. Da tauchte ein junger korsischer General namens Napoleon Bonaparte auf. Um 1800 standen die Aufklärung und ihre Ideale dann vor einem neuen Kapitel ihrer Geschichte.

Adam Smith und die neue Welt des Handels

Dieses neue Kapitel hatte nicht nur mit einer neuen Ära der Kriegsführung zu tun, sondern auch mit der Industriellen Revolution. Der neue Kommerzialismus hatte bereits in der Renaissance begonnen, das Gesicht Europas zu verändern. Sogar die Kirche, die dem Handel im allgemeinen und dem Wucher im besonderen schon lange feindlich gegenüberstand, begann, ihre Einstellung zu verändern. Die calvinistische Reformation führte zu einem neuen kommerziellen Bewußtsein. Und die neue wirtschaftliche Ordnung, die sich während der Industriellen Revolution in England durchgesetzt hatte, benötigte eine angemessene Philosophie.

Adam Smith (1723–1790) war ein guter Freund David Humes und sein engster Mitarbeiter. Smith teilte Humes Liebe zur Geschichte und Literatur und auch seine konservative Sorge um das Wesen dessen, was wir heute liberale Gesellschaft nennen würden, mit ihrer definitiven (wenn auch kontroversen) Hinwendung zum Privateigentum. Außerdem teilte er mit Hume den Sinn für die Wichtigkeit der Ethik und eines angemessenen Verständnisses der menschlichen Natur. Er wurde bekannt als Vater der freien Marktwirtschaft und als Verfasser der »Bibel« des Kapitalismus mit dem Titel *An Inquiry into the Nature and Causes of the Wealth of Nations* (Eine Untersuchung über das Wesen und die Ursachen des Reichtums der Nationen, 1776). Dieses Werk steht am Anfang der modernen Volkswirtschaft und dessen, was wir die Philosophie der freien Marktwirtschaft nennen könnten.

In diesem Werk verteidigte Smith das lange verhöhnte Konzept des Eigeninteresses. Das Gesetz von »Angebot und Nachfrage« versichere uns, daß die besten und billigsten Erzeugnisse auf lange Sicht den größten Profit abwerfen und sich so die Interessen von Verbrauchern wie auch Herstellern optimieren. Dieser Gedanke war einfach, elegant und radikal. Eigeninteresse konnte dem Wohl der Allgemeinheit dienen. Das bedeutete allerdings nicht, daß das Eigeninteresse von nun an als Tugend zu betrachten sei; Adam Smith verfocht keinesfalls die Ansicht, daß Gier gut sei. Trotzdem kann man sich vorstellen, wie befreiend es für die Bürger des ausgehenden achtzehnten Jahrhunderts gewesen sein muß, als man ihnen nach zwei Jahrtausenden der Verteufelung von Geld und Habgier nun erklärte, daß auch das Eigeninteresse seine Vorteile habe, nicht nur für den einzelnen, sondern für alle. Zur großen Freude der damaligen Jungunternehmer argumentierte Smith außerdem, daß die Regierung, die bis dahin praktisch jede größere kommerzielle Transaktion kontrolliert oder reguliert hatte, sich nicht mehr in die Wirtschaft einmischen und sich am Prinzip des »*Laissez-faire*« orientieren solle. Die Vorschläge von Smith bedeuteten auch, daß die Zünfte und zunftähnlichen Verbände die Wirtschaft nun nicht mehr monopolisieren würden. Endlich wäre das Unternehmertum »frei«.

Aufgrund seines Werkes *Wealth of Nations* wurde Smith immer wieder (hauptsächlich von jenen, die dieses Werk überhaupt nicht gelesen hatten) als der klassische Verteidiger des kommerziellen Individualismus, von Macht und Profit, zitiert. Doch Smith brachte Jahre vor *Wealth of Nations* eine Abhandlung über das Wesen des

Menschen heraus, in der es um die moralischen Gefühle geht, die die Menschen dazu bringen, harmonisch in der Gesellschaft zusammenzuleben. Folglich glaubte Smith trotz seiner in *Wealth of Nations* verfochtenen Thesen, daß der Mensch seinem Wesen nach nicht egoistisch ist oder nur der Verwirklichung seiner eigenen Interessen nachgeht, sondern eigentlich ein Gesellschaftswesen ist, das aus Sympathie und Mitleid heraus handelt und auf das Wohl der Gesellschaft als Ganzes aus ist. Ein System der freien Marktwirtschaft könne nur auf der Basis einer solchen Gesellschaft funktionieren.

Die neue, moderne Welt wurde in hohem Maße durch die neue, kommerziell ausgerichtete Gesellschaft und die Sprache der Rechte und des einzelnen bestimmt. Vielleicht gab es Grenzen der menschlichen Erkenntnis und des menschlichen Wissens, aber den Zukunftsaussichten des Menschen schienen keine Grenzen gesetzt zu sein. Der Humanismus hatte sich mit so großer Macht zurückgemeldet, daß es gar nicht so leicht war, sich an die Alternativen dazu zu erinnern. In dieser Hinsicht hatten sich die Gedanken des Protagoras als richtig erwiesen. Doch auch der Humanismus sollte noch an seine Grenzen gelangen.

Von der Moderne zur Postmoderne

Die Domäne(n) der Vernunft: Kant

In Deutschland wurde die Aufklärung mit Argwohn aufgenommen und die Französische Revolution voller Entsetzen mitverfolgt. Die Aufklärung wurde zu Recht nicht so sehr als universelle oder kosmopolitische Philosophie betrachtet, sondern als eine Projektion der in London und Paris herrschenden Ideen, also sozusagen als intellektueller Imperialismus. Die Revolution in Paris betrachteten die Deutschen weniger als Triumph der Philosophie, sondern als Ausbruch des Chaos. Es sollte Jahrzehnte dauern, bis die Aufklärung auch Deutschland erreichte.

Allerdings brachte Deutschland dann den unbestrittenen Hauptvertreter der Aufklärung hervor. *Immanuel Kant* (1724–1804) war nicht nur ein Anhänger von Leibniz, sondern auch der newtonschen Physik und der rousseauschen radikalen neuen Theorien über Gesellschaft und Bildung. Anders als die meisten seiner Landsleute war Kant außerdem ein glühender Befürworter der Französischen Revolution, wenn auch aus der sicheren Distanz Ostpreußens. Was ihn jedoch zur Aufklärung brachte, war eine andere Revolution, die einsetzte, als er zum erstenmal mit David Humes Skeptizismus in Berührung kam.

Humes Skeptizismus ließ Kant aus seinem »dogmatischen Schlummer«, das heißt seiner unkritischen Hinnahme der leibnizschen Metaphysik, erwachen. Nun erkannte Kant die Grenzen, aber auch die Macht der Vernunft. Folglich waren seine Hauptwerke der Philosophie die beiden großen Kritiken der Vernunft und die Kritik der Urteilskraft. Die Kritik der Vernunft hatte auch jenseits der Philosophie wichtige Auswirkungen. Historisch gesehen definierte Kant die Konfrontation zwischen Religion und Naturwissenschaften neu, ein Konflikt, der seit dem Mittelalter immer akuter geworden war. Kant war gläubiger Christ, genauer gesagt pietistischer Lutheraner. Außerdem glaubte er an die neue Physik von Isaac Newton. Deshalb bestand Kant darauf, daß man das Wissen beschränken müsse, »um zum Glauben Platz zu bekommen«[1]. »Zwei Dinge erfüllen das Gemüt [...] mit Ehrfurcht«, schrieb er, »[...] der bestirnte Himmel über mir und das moralische Gesetz in mir.«[2] Kants philosophisches Hauptverdienst bestand darin, den Sternenhimmel und das moralische Gesetz (sowie die Religion) voneinander zu trennen und in beiden (sowie darüber hinaus) nach der Vernunft zu suchen.

Doch weder Naturwissenschaften noch Religion lassen sich auf ihre eigenen, voneinander getrennten Bereiche beschränken. Die Grundprinzipien der Naturwissenschaft – die Hume mit seinem Skeptizismus in Frage gestellt hatte – sollten sich als »universell und notwendig« erweisen, oder, wie Kant es ausdrückte: als *a priori*. Gleichzeitig würden das Reich Gottes und die Unsterb-

1 Immanuel Kant. Kritik der reinen Vernunft. B XXX. Hrsg. von Raymund Schmidt. Hamburg 1956, S. 28.
2 Immanuel Kant. Kritik der praktischen Vernunft. Beschluß. Hrsg. von K. Vorländer. Hamburg 1974, S. 188.

lichkeit der menschlichen Seele zusammen mit der Freiheit und der moralischen Verpflichtung des Menschen nicht durch die Naturwissenschaften kompromittiert. Die Kausalität und die substantielle Welt der Naturwissenschaften hatten ihren Platz als objektive Erscheinung in der empirischen Welt. Die großen Ideen, die Kant als »Gott, Freiheit und Unsterblichkeit« (und Moralität) zusammenfaßte, hatten ebenfalls ihre Welt, eine »intelligible« Welt, eine Welt unabhängig von der Erfahrung, aber der Vernunft zugänglich und von ihr beherrscht.

Die Vernunft, der Zentralbegriff der Aufklärung, war das Hauptelement in Kants ausgesprochen rationaler Philosophie. Kant machte sich im Widerspruch zu Humes Bemühungen daran, die Naturwissenschaften rational zu rechtfertigen und die Moralität als aus universell verbindlichen moralischen Gesetzen bestehend zu beschreiben. Sogar der Glaube, der so oft als Inbegriff der Irrationalität (oder zumindest als jenseits der Vernunft befindlich) angesehen wird, wurde von Kant als rationale, zu rechtfertigende Überzeugung verteidigt. Kants Strategie bestand darin, das Reich der Erfahrung von dem abzugrenzen, was die Erfahrung transzendiert oder was man üblicherweise »Metaphysik« nannte. Der Grund, warum die Probleme der Metaphysik sich als unlösbar darstellten, so Kant, war darin zu sehen, daß die Grenzen des Wissens und der Erkenntnis den Grenzen der Erfahrung entsprechen und metaphysische Probleme ihrer Natur nach die Erfahrung transzendieren. Manche dieser Fragen, insbesondere jene wichtigsten Fragen nach Gott, Freiheit und Unsterblichkeit, ließen sich Kants Meinung nach beantworten, allerdings nicht als Angelegenheiten der erkennenden, theoretischen

Vernunft, sondern der *praktischen Vernunft*. Es sind »Postulate der Moralität«, nicht Wahrheiten der Naturwissenschaften.

Um die Frage des Wissens und die Grundlage der Naturwissenschaften geht es in dem Werk, das viele Philosophen für das größte der Philosophie halten, in Kants *Kritik der reinen Vernunft* von 1781. Nach Kant »konstituieren« wir die sinnlich gegebenen Objekte unserer Erfahrung vermittels unserer Formen der Anschauung und unserer Verstandesbegriffe und lokalisieren sie in Raum und Zeit und in kausalen Beziehungen zu anderen Objekten. Ohne die Verstandesbegriffe, so Kant, wären unsere Anschauungen blind. Und ohne Anschauung wären unsere Verstandesbegriffe leer. Erfahrung ist immer die Applikation der Begriffe auf die Sinneseindrücke, und das Ergebnis ist die Welt, wie wir sie kennen.

Manche unserer Begriffe stammen nicht aus der Erfahrung (das heißt, sie sind nicht »empirisch«), sondern *gehen* der Erfahrung *voraus*. Sie sind *a priori*, Teil der Struktur, oder, besser ausgedrückt, die Grundregeln des menschlichen Verstandes. Diese Regeln heißen »Kategorien«. Die Kategorie der Substanz zum Beispiel ist die Regel, die jede menschliche Erfahrung beherrscht und dafür sorgt, daß Sinneseindrücke so organisiert werden, daß sie als materielle Objekte erfahren werden. Hier ist die Antwort Kants auf Humes Skeptizismus: Die äußere Welt wird nicht aus unserer Erfahrung hergeleitet, sondern ist als grundlegende Kategorie unseres Denkens und Wahrnehmens wesentlich für die Konstitution unserer Erfahrung. Nicht alle der grundlegendsten oder *apriorischen* Strukturen des Geistes sind Kategorien. Es gibt auch *apriorische* »Formen der Anschauung«, Raum und Zeit. Die Entdeckung von Raum und Zeit als *apriorische* Formen der Anschauung erlaubte es Kant, einen noch radikaleren Vorschlag hinsichtlich der Natur von Mathematik und Geometrie zu machen, jener Disziplinen also, deren Notwendigkeit die Griechen so beeindruckt hatte und die moderne Philosophen als »Wahrheiten der Vernunft« mehr oder minder für selbstverständlich gehalten hatten. Die Lehrsätze der Arithmetik und Geometrie sind laut Kant notwendigerweise wahr, weil sie formale Beschreibungen der *apriorischen* Strukturen von Raum und Zeit sind.

Kants neuer »Idealismus« (die Ansicht, daß die Welt sich durch unsere Begriffe konstituiert) war, das braucht man nicht eigens zu betonen, eine extrem radikale Auffassung unserer Erkenntnismöglichkeiten. Ohne gleich zu behaupten, daß wir tatsächlich die Welt erschaffen (eine These, die manche Kantianer der Romantik sofort unterschrieben hätten), ging Kant davon aus, daß wir die Existenz der Welt »außerhalb« von uns selbst weder herleiten noch beweisen müssen. Wenn wir nun unsere Welt organisieren oder konstituieren, können wir dann nicht tun, was uns gefällt? Die Antwort lautet mit Kant eindeutig »nein«. Wir wählen die Sinneseindrücke, die den Grundstoff unserer Erfahrungen bilden, nicht selbst aus, und wir haben auch keine Alternative zum dreidimensionalen Raum und der irreversiblen, eindimensionalen Zeit. Außerdem könne es keine anderen Kategorien oder Möglichkeiten geben, unsere Erfahrung zu organisieren, zu interpretieren oder zu konstituieren. Die Kategorien, die die Grundstrukturen oder Regeln des Geistes bilden, sind universell und notwendig. Bei diesen Gedankengängen handelt es sich um eine bemerkenswerte Kombination aus radikaler Umorientierung, konservativer Unterstützung des gesunden Menschenverstandes und naturwissenschaftlicher Sicht von der Welt.

Kant bestreitet, daß die erkennbare Welt außerhalb unserer Erfahrung ist, bestreitet aber auch, daß die Objekte der Welt nur *in* unserer Erfahrung sind, das heißt, »in uns«. Sie sind als Objekte außerhalb des Selbst. Aber was ist dann das Selbst? Das Selbst ist zuallererst eine Aktivität oder besser eine ganze Reihe von Aktivitäten, die Sinneseindrücken Kategorien auferlegt und zum Verstehen der Welt gelangt. Das Selbst ist kein Ding, keine »Seele« und auch kein »Geist«, sondern das *transzendentale Ich*, und seine Wirkungsweise ist jeder Erfahrung inhärent und in jeder Erfahrung erkennbar. Es ist das, was Descartes erkannte und fälschlich als das »denkende Ding« verstand, das er meinte selbst zu sein.

Dann wäre da noch die üblichere Vorstellung von einem Selbst als Person, als körperliche, emotionale Intelligenz mit bestimmten Charakteristika, Freunden, einer Geschichte, einer Kultur, einem Kontext. Das ist es, was Kant das *empirische Selbst* nennt. Man kennt es, wie alles andere auf der Welt, durch die Erfahrung. Abgesehen vom transzendentalen und vom empirischen Selbst gibt es noch etwas, das wir das »Selbst-in-sich-selbst« nennen könnten. Dabei handelt es sich um das Selbst, das abwägt und handelt, das Selbst, das moralisch oder unmoralisch, verantwortungsbewußt oder verantwortungslos ist, das Selbst, das im Zentrum der praktischen Welt lebt.

In seiner *Kritik der praktischen Vernunft* diskutiert Kant Moralität, menschliche Freiheit und die Grundüberzeugungen jeder rationalen Religion. Die Moralität, die universelle Verpflichtung des moralischen Gesetzes, hängt vom *Willen* ab. Jeder Mensch hat einen rationalen Willen, und dieser Wille ist *frei*. Er ist nicht Teil der Welt der greifbaren Phänomene. Daher sind wir in der Lage, Neigungen (Begierden und Wünschen zum Beispiel) zu widerstehen und unser Verhalten an unserem eigenen Gesetz auszurichten, dem Gesetz, das die Vernunft für sich selbst aufstellt, dem Moralgesetz. Nach Ansicht von Kant beweisen wir unsere Freiheit, indem wir diesem Moralgesetz gemäß handeln. Unfrei hingegen sind wir, wenn wir lediglich den kausalen Diktaten der Natur, also unseren Neigungen, folgen.

Da wir alle dasselbe Vernunftvermögen haben, ist Kant davon überzeugt, daß wir hinsichtlich der Moralität auch alle zu den gleichen Schlüssen gelangen. Generell gebietet die Vernunft uns, daß wir unseren Neigungen widerstehen sollen, wenn sie uns zu etwas verleiten, was wir bei anderen in ähnlichen Umständen nicht billigen könnten. Ein moralisches Prinzip ist immer derart, daß es diese Form der unpersönlichen Generalisierung zuläßt; Kant nennt dieses moralische Gesetz *kategorischen Imperativ*. Er lautet: »Handle so, daß die Maxime deines Willens jederzeit zugleich als Prinzip einer allgemeinen Gesetzgebung gelten könne.«[1]

Kants ethische Theorie mit ihrer Betonung der menschlichen Freiheit begründet die Moralität nicht mit Hilfe der Religion. Er besteht vielmehr darauf, daß die

1 Kant. Kritik der praktischen Vernunft. §7. A.a.O. S. 36.

Moralität sich selbst rechtfertigen muß und sich nicht auf religiöse Quellen und Zustimmung verlassen darf. Obwohl Kant selbst religiös war, ließ sich seine Moraltheorie mit einer säkularen oder atheistischen Perspektive vereinbaren. Er wollte dem Glauben Raum neben der Freiheit einräumen. Seiner Ansicht nach ist der Glaube von grundlegender Bedeutung für unsere rationale Motivation und demonstriert so das, was Kants Vorbild Rousseau »eine moralische Sicht der Welt« nannte. Ohne Glauben führen unsere Erfahrungen von Ungerechtigkeit unweigerlich dazu, daß wir uns von der Moral abwenden. Um uns weiter der Moral verpflichtet zu fühlen, müssen wir glauben, daß moralisches Verhalten letztlich in Glück mündet. Es reicht nicht, wenn es beim bloßen Wunsch bleibt. Wie bei der Moral selbst muß es sich dabei um rationalen Glauben handeln. Das führt uns dazu, die Existenz Gottes, die Unsterblichkeit der menschlichen Seele und ein Leben nach dem Tode zu »postulieren«. Die Vernunft, allerdings nicht als Wissen, weist uns in die Richtung des religiösen Glaubens.

Kant verfolgte dieses Verhältnis unserer geistigen Fähigkeiten zur natürlichen Welt auf ganz andere Weise in seiner *Kritik der Urteilskraft*. Dort beschäftigte er sich mit dem Wesen der ästhetischen Erfahrung, besonders unserer Erfahrung des *Schönen*, und untersuchte den scheinbaren Konflikt zwischen zwei weit verbreiteten Ansichten über den ästhetischen Geschmack. Auf der einen Seite scheint es keine Möglichkeit zu geben, Auseinandersetzungen über den Geschmack zu entscheiden, der offenbar rein subjektiv ist. Auf der anderen Seite erwarten wir von anderen im allgemeinen, daß sie unserem Urteil in Sachen Geschmack beipflichten. Kant versöhnt die beiden Standpunkte, indem er behauptet, die Erfahrung der Schönheit sei *subjektiv allgemeingültig*. Als Erfahrung des einzelnen ist sie subjektiv und wird durch das »freie Spiel« der Einbildungskraft und des Verstandes verursacht. Diese Aktivität ist in sich angenehm und tiefgehend. Man gibt sich ihr, anders als den meisten anderen Aktivitäten, nicht mit einem äußeren Zweck im Hinterkopf hin, sondern interesselos um ihrer selbst willen. Außerdem können wir Kants Ansicht nach davon ausgehen, daß unsere ästhetische Erfahrung der Schönheit einen universellen Aspekt hat, weil jeder seine kognitiven Fähigkeiten nutzen kann, um sie zu genießen.

Kant beschäftigte sich außerdem mit der Erfahrung des *Erhabenen*, dem ästhetischen Reiz von Objekten, die so riesig oder dynamisch sind, daß sie das menschliche Verstandesvermögen überschreiten – zum Beispiel die Weite des Sternenhimmels oder die Gewalt der Niagarafälle. In solchen Fällen, so Kant, läßt sich unser Genuß auf die Erkenntnis zurückführen, daß die Vernunft angesichts solcher sich widersetzender »Objekte« zur Idee der Unendlichkeit geführt wird – eben weil ihr die Unangemessenheit der Einbildungskraft einsichtig wird. Auf diese Weise bekommen wir zusätzlich ein Gefühl der Würde als vernünftige Wesen, während wir gleichzeitig unsere relative Bedeutungslosigkeit angesichts der Natur und ihrer Gegebenheiten erkennen. Das Erhabene regt uns zusammen mit dem Schönen, das uns die Zweckmäßigkeit und Ordnung der Natur eröffnet, dazu an, über die Natur und uns selbst als Teil einer höheren Zweckmäßigkeit nachzudenken. Die Idee der höchsten Zweckmäßigkeit besagt, ähnlich wie die aristotelische Teleologie, daß jeder Aspekt der Welt der Phänomene seinen Platz im Hinblick auf einen höheren Zweck hat, wodurch unsere Gedanken zur übersinnlichen Realität geleitet werden. Letztlich glaubt Kant, daß die Ordnung der Natur und der Einklang, in dem die Natur mit unseren Fähigkeiten steht, uns zu einer tieferen religiösen Sicht führen, einer Sicht von der Welt, die nicht auf Wissen und Freiheit oder Glauben im herkömmlichen Sinn des Wortes beschränkt ist. Hier geht es um eine kosmische Harmonie, die bereits einige der dramatischsten philosophischen Visionen des neunzehnten Jahrhunderts erahnen läßt.

Hegel und die Geschichte

Georg Wilhelm Friedrich Hegel (1770–1831) war zu Beginn der Französischen Revolution fast neunzehn und lebte in Stuttgart. Wie viele junge Männer in Deutschland hatte er die Aufklärung und die Ereignisse in Frankreich mit zurückhaltendem Enthusiasmus verfolgt. Die Welt war dabei, sich zu verändern; sie wurde »modern«. Und als Hegel begann, sich als Philosoph zu profilieren, und sein erstes Buch fertigstellte, war Napoleon auf der Höhe seiner Macht und versprach (oder drohte, das kommt auf die Perspektive an), Europa zu einen und eine neue Ära des Internationalismus einzuläuten. Eine der wichtigsten Schlachten Napoleons fand in der Nähe von Jena statt, wo Hegel seinerzeit unterrichtete. Hegel sah Napoleon, den er als »Weltseele [...] auf einem Pferde sitzend«[1] bezeichnete, nach dessen Sieg sogar höchstpersönlich.

Philosophisch gesehen, bewunderte Hegel Kant und eiferte ihm nach; die Bedeutung seiner Philosophie überstieg bei weitem die akademischen Kämpfe, die im Gefolge Kants ausgefochten wurden. Hegel verkörperte in seiner Person das Trauma und die Euphorie seiner Zeit. Er verkündete die Entstehung einer neuen Welt, die sich nun in der Philosophie wie auch in der internationalen Politik manifestierte. Jetzt, da der *Weltgeist* in diese neue Ära eintrat, sollte auch die Philosophie endlich ihr Ziel erreichen, das allumfassende Verständnis von Geschichte und Menschheit.

Viele behaupten, daß Hegel der Philosophie eine neue Dimension verlieh, nämlich die Geschichte. Natürlich hatten auch andere Philosophen sich schon kritisch oder zustimmend auf ihre Vorgänger zurückbezogen, aber die Idee einer wahren Geschichte der Philosophie bedeutete, daß nicht nur die Philosophie, sondern die gesamte menschliche Intelligenz in einem systematischen Fortschritt begriffen war, eine aufregende Idee, die nun der Darstellung harrte. Hegels Philosophie war ein selbstbewußter Versuch, die mannigfaltigen Unterschiede und einander bekämpfenden Lager aufzuzeigen, die das menschliche Denken in den vorangegangenen zweieinhalb Jahrtausenden bestimmt hatten. Alle diese Konflikte seien im größeren Zusammenhang des *Weltgeistes* zu sehen, so Hegel, als Scharmützel und Unstimmigkei-

1 G. W. F. Hegel. Brief an Niethammer vom 13. Oktober 1806. In: Briefe von und an Hegel; hg. von J. Hoffmeister. Hamburg 1952–60, Bd. 1, S. 120.

ten, nicht als definitive Gegenpositionen. Säkularismus und Monotheismus, Naturwissenschaften und Spirituelles, Vernunft und Leidenschaft, einzelner und Gemeinschaft – sie alle haben ihr eigenes Recht als brauchbare Begriffe, treten aber in Widerspruch zueinander im Laufe des dialektischen Geschichtsprozesses, der alle menschliche Erfahrung und alles menschliche Wissen umgreift.

1807 veröffentlichte Hegel sein erstes und – wie viele meinen – bedeutendstes Buch mit dem Titel *Phänomenologie des Geistes*. Die *Phänomenologie* ist eine großartige konzeptuelle Odyssee, die uns von den elementarsten Vorstellungen des menschlichen Bewußtseins zu den allumfassendsten und komplexesten führt. Ihr erklärtes Ziel ist die Erlangung der Wahrheit – der »absoluten« Wahrheit. »Absolut« bedeutet dabei nicht »endgültig und abgeschlossen«, und der Ausdruck »Wahrheit« bezieht sich auch nicht auf die Fakten. Was Hegel vielmehr als philosophische Wahrheit erlangen möchte, ist eine allumfassende Anschauung, wobei mit der Arroganz des Wortes »absolut« eine große philosophische Demut korrespondiert, das Bewußtsein, daß wir alle Teil von etwas sind, das viel größer ist als wir selbst. Unser individueller Beitrag zu Wissen und Wahrheit kann nie definitiv sein, muß sich immer als partiell, »mittelbar« und einseitig erweisen.

In der *Phänomenologie* geht es im wesentlichen um den *Geist*, die Vorstellung von einer kosmischen Seele, die uns alle sowie die gesamte Natur umfaßt. Der Schluß der *Phänomenologie* verweist auf diesen allumfassenden Geist. Das bedeutet nicht, daß nun alle Unstimmigkeiten beseitigt, alle Diskussionen beendet und alle Fragen beantwortet sind. Es heißt eher, daß wir alle in diesem Geist vereint sind, egal wie schwierig und verbittert die Auseinandersetzungen, wie wenig beantwortbar auch die Fragen sind. Napoleon strebte lediglich danach, Europa zu einen. Hegel tat es tatsächlich – natürlich nur in der Theorie; doch die Idee von einem allumfassenden Bewußtsein ist der erste Schritt auf die tatsächliche Einheit der Welt zu.

Der erste Teil der *Phänomenologie* beschäftigt sich mit den Fragen der Erkenntnis, die der modernen Philosophie von Descartes bis Kant so viel Kopfzerbrechen machten. Hegel akzeptierte Kants Widerlegung des Skeptizismus, verwarf jedoch Kants atemporale Behandlung des Wissens und seine zeitlose Vorstellung von den Kategorien. Wissen, so Hegel, *entwickelt sich.* Wie Aristoteles wählte Hegel sich die Biologie und das Organische als Paradigma, nicht die leblose Materie und auch nicht die Mathematik. Bewußtsein ist nicht einfach die transzendentale Perspektive, von der aus oder in der wir Wissen von der Welt erlangen, sondern Bewußtsein wächst. Es entwickelt neue Begriffe und Kategorien. Es ist hin und her gerissen oder gar zerrissen zwischen verschiedenen »Formen des Bewußtseins«, und es lernt, sie miteinander in Einklang zu bringen oder sie hinter sich zu lassen. Bewußtsein und Wissen sind dynamisch, dialektisch. Sie entwickeln sich durch Entgegensetzung und Auseinandersetzung, nicht durch reine Beobachtung und bloßes Begreifen.

Bewußtsein entwickelt sich zum Selbstbewußtsein. Hegel geht so weit, das selbständige Selbst von Descartes und Kant abzulehnen, und argumentiert, daß sich das Selbst sozial konstituiert in den Interaktionen mehrerer Menschen. Dieses Problem des Selbstbewußtseins steht im Zentrum des bekanntesten und dramatischsten Kapitels aus der *Phänomenologie*, der Parabel von Herr und Knecht. Hegel erzählt sie knapp und anschaulich. Darin geht es um die Konfrontation zweier »Selbstbewußtseine«, die um die gegenseitige Anerkennung kämpfen. In diesem Kampf gibt es einen Sieger und einen Verlierer. Einer wird der Herr, der andere der Knecht. Beide werden, was sie sind, nur durch die Anerkennung des anderen und dadurch, daß sich jeder jeweils durch die Augen des anderen identifiziert. Sinn und Zweck dieser Parabel ist es zu zeigen, daß das Selbstbewußtsein sich nicht durch Selbstbeobachtung entwickelt, sondern durch gegenseitige Anerkennung. Das heißt, daß das Selbst im wesentlichen sozial ist. Hegel ging es auch darum, die wahre Natur bestimmter interpersoneller Beziehungen aufzuzeigen, die schon viele andere Philosophen (z. B. Hobbes und Rousseau) in ihren Hypothesen über den »Naturzustand« behandelt hatten. Im allgemeinen geht man davon aus, daß der Mensch zuallererst Individuum ist und erst später durch Übereinkunft zum Angehörigen der Gesellschaft wird. Hegel hielt diese Annahme für Unsinn, weil Individualität nur in einem interpersonellen Kontext hervortritt. Das, was Personen im wesentlichen wollen und brauchen, ist nicht nur Sicherheit und das, was sie zum Leben benötigen, sondern gegenseitige Anerkennung. Jede andere Sicht der menschlichen Natur geht an der wesentlichen Komplexität der menschlichen Existenz vorbei.

In der *Phänomenologie* deckt Hegel Unzulänglichkeiten in einer Form des Bewußtseins nach der anderen auf und führt uns so von einer Ansicht oder Einstellung zur nächsten. Vom traurigen Ende des Herrschafts-Knechtschaftskapitels – es stellt sich heraus, daß sowohl Herr als auch Knecht sich in einer unhaltbaren Position befinden – leitet Hegel uns durch unterschiedliche philosophische Strategien zur Bewältigung oder Vermeidung der Schwierigkeiten, die das Leben mit sich bringt (Stoizismus, Skeptizismus und bestimmte Formen des Christentums). Wenn wir dann schließlich beim Geist ankommen, dem ausgedehnten Hauptteil der *Phänomenologie*, begreifen wir, daß wir uns nicht nur durch Erkenntnis und die Rollen definieren, die wir spielen, sondern uns im Idealfall auch über alle identifizieren. Wir tun dies mit Hilfe unseres Gefühls, einer sittlichen Gemeinschaft und einer Religion anzugehören. Die Französische Revolution ist eine Sackgasse der Dialektik. Hegel führt sie als Beispiel dafür an, daß unkontrollierte individuelle Freiheit nur in Selbstzerstörung endet. Als Reaktion auf die überbordende Individualität der Französischen Revolution wandte sich Hegel einem gemeinschaftlicheren Empfinden zu, aus dem er seine politische Philosophie entwickelte. Letztlich sind wir alle *ein* Geist; zum Selbstbewußtsein dieses Geistes zu gelangen ist das »absolute« Ziel von Hegels Philosophie.

Hegels *Wissenschaft der Logik* (die keine Logik im formalen, mathematischen Sinn ist) konzentriert sich auf jene grundlegende Gruppe von Begriffen oder »Kategorien«, die Kant als die *apriorische* Basis allen Wissens verteidigt hatte. Wo Kant von einer streng geordneten, genau definierten Gruppe solcher Kategorien ausgegangen war, geht es Hegel eher um den Nachweis, daß solche Begriffe ständig im Fluß sind und sich gegenseitig definieren. Begriffe sind immer kontextabhängig; ihre Bedeutung hängt immer von ihrem Gegensatz und Komplement ab. Und Begriffe werden letztlich nur auf der Basis der Erfahrung verständlich. Aus dem Kontext gerissen und formalisiert, besitzen sie keinerlei wirkliche Bedeutung mehr. Hegels *Logik* zielt darauf ab zu zeigen, wie unsinnig jene Strömung in der modernen Philosophie ist, die auf der Unterscheidung der bloß subjektiven Erfahrung von objektiver Realität und Wissen beharrt. Die Untrennbarkeit von Wissen, Realität und Erfahrung bildet inzwischen den Tenor fast aller zeitgenössischen Arbeiten zur Physik.

Als Hegel schließlich der bekannteste Philosoph Deutschlands und Professor an der Berliner Universität war, baute er seine Philosophie in seinen Vorlesungen aus und vervollständigte sie. Er entwickelte eine Naturphilosophie, vereinfachte seine Logik und fügte ihr eine umfassende Geschichte der Philosophie hinzu. Er ist praktisch als Vater der Philosophiegeschichte zu sehen, wie wir sie heute verstehen. Doch Hegels wohl wichtigster und umstrittenster Beitrag zur Philosophie waren seine politischen Ansichten und seine Sicht der modernen Gesellschaft.

Hegels Interesse für Politik reichte bis zu seinen ersten Vorlesungen im Jena der Jahrhundertwende zurück, als Napoleon sich quer durch Europa vorarbeitete und in den zersplitterten deutschen Kleinstaaten den revolutionären Geist schürte. Hegels politische Ansichten und Gesellschaftstheorie scheinen bereits in der *Phänomenologie* durch und finden sich in komprimierter Form in seinem Werk *Grundlinien der Philosophie des Rechts*, das er 1821 verfaßte, also nur sechs Jahre nach dem Fall

Napoleons und dem Beginn jener stabilen, aber repressiven Periode in der europäischen Geschichte, die oft »Restauration« genannt wird. Natürlich waren Hegels Ansichten beeinflußt von der turbulenten Geschichte. In der *Phänomenologie* hatte Hegel seine Philosophie noch als »neuen Sonnenaufgang« bezeichnet. In der *Philosophie des Rechts* jedoch heißt es gleich zu Anfang: »Die Eule der Minerva [die römische Göttin der Weisheit] beginnt erst mit der einbrechenden Dämmerung ihren Flug.«[1] Das besagt, daß die Philosophie nur beschreiben kann, was bereits geschehen ist. Folglich, so Hegel, sei die Philosophie ihrem Wesen nach eine konservative Disziplin.

Der umstrittene Punkt in Hegels politischer Philosophie war die These, das Individuum sei dem Staat nachgeordnet. Hegel setzte sich, um dies zu verfechten, mit der gesamten Geschichte des gesellschaftlichen und politischen Denkens bis zu Hobbes und der Aufklärung auseinander, ohne dabei auf jene totalitäre oder autoritäre Vision abzuzielen, die ihm manchmal nachgesagt wird. Man sollte Hegel nicht mit Lenin oder Mussolini verwechseln, die sein Argument, der einzelne sei nur im Hinblick auf den gesellschaftlichen Kontext, in dem er lebe, von Bedeutung, schamlos ausnützten. Hegel ging vielmehr davon aus, daß das letzte Ziel der menschlichen Geschichte, ihr Endzweck, die Verwirklichung der menschlichen Freiheit ist.

1 G. W. F. Hegel. Werke in 20 Bänden. Frankfurt am Main 1970 ff., Bd. 7, S. 28.

Der Kampf zwischen Dichtkunst und Philosophie: Die Romantik

Ende des achtzehnten und Anfang des neunzehnten Jahrhunderts scheint die deutsche Philosophie sich völlig auf einige wenige große Fragen konzentriert zu haben, darunter auf die, ob die Erkenntnis überhaupt möglich sei und ob sich »das Absolute« je greifen lasse. Doch im Rahmen dieser ziemlich breit angelegten Diskussion kam es auch zu einer Reihe lebhafter Dispute, nicht nur zwischen (wie Schopenhauer das später nannte) »gereizten Philosophieprofessoren«, sondern auch zwischen den begabtesten Dichtern und Propheten der Zeit. Sie alle wollten zum Dichter des neuen Deutschland werden – nicht nur irgendein Dichter, sondern ein Weiser, das Sprachrohr für den Zeitgeist. So entstand ein lebhafter Wettbewerb, nicht nur zwischen den gereizten Philosophieprofessoren, sondern auch zwischen den Philosophen und Poeten, zwischen Vernunft und Seele. In Deutschland erwachte die alte Auseinandersetzung Platons mit den Poeten wieder zu neuem Leben, doch diesmal waren die Philosophen in der Defensive.

Der harte Kampf um die Objektivität der Vernunft wurde vom modernen Kult um Genie und Leidenschaft herausgefordert, jener begeisterten Bewegung, die unter der Bezeichnung *Romantik* bekannt ist. Die Aufklärung hatte Deutschland nie im selben Maße beherrscht wie England oder Frankreich. Die Deutschen orientierten sich weniger an Hume als an Rousseau mit seinen tröstenden Vorstellungen von der Unabhängigkeit im Naturzustand und seiner Wertschätzung der Gefühle. Der Hauptvertreter dieses neuen deutschen Geistes war ein Denker namens *Johann Gottfried Herder* (1744–1803). Herder war auch Philosoph (wir sollten hier nicht den Fehler begehen, die Unterschiede zwischen Philosophie und Dichtkunst zu stark zu betonen), allerdings ein Philosoph mit völlig neuem Wesen. Anders als Kant und die Aufklärung, die für sich in Anspruch nahmen, »kosmopolitisch« und universell zu sein, beklagte Herder sich schon als junger Mann darüber, daß eine solche Philosophie ihm ein Gefühl der »Heimatlosigkeit« gebe. Für ihn und zum Teil auch durch ihn erlangten deutsche Kultur und insbesondere deutsche Ideen einen neuen Stellenwert in der Welt.

Anders auch als Kant und die Aufklärung, die das Hauptgewicht auf die Vernunft legten, betonte Herder das Gefühl, die unmittelbare Erfahrung. Durch die Gefühle waren wir anfangs eins mit der Welt; durch sie erkannten wir unsere eigenen lebendigen Kräfte. Bewußtsein und Sprache störten diese ursprüngliche Einheit. Das war an sich nichts Schlechtes, aber das Leben der Reflexion war ein beschränktes Leben. Herders Ansicht nach war das Leben des Gefühls, der »Sturm und Drang«, den die Dichtkunst einfing, wesentlich für die Ganzheit der Person und ihre Einheit mit der Welt.

Schon Jahrzehnte vor Hegel hatte Herder die Bedeutung der Geschichte entdeckt. Insofern war er die Inkarnation eines oft vernachlässigten italienischen Denkers namens *Giambattista Vico* (1668–1744), der in dem Jahr starb, in dem Herder geboren wurde. Herder und Vico wandten sich praktisch gegen die gesamte philosophische Tradition, die dazu neigte, Geschichte und Kultur zu ignorieren und die Wahrheit als zeitlose, unveränderliche Realität zu behandeln. Vico griff

Descartes, seinen Rationalismus und seine Methode der Deduktion aufs heftigste an. Wie Herder wußte er die Bedeutung des Irrationalen im Leben zu schätzen und betonte die Rolle des Glaubens und des Gehorsams im Gegensatz zur philosophischen Reflexion als wesentlichen Bestandteil des Gesellschaftslebens. Sowohl Herder als auch Vico waren frühe Gegner der Technologie, das heißt, sie fühlten sich sehr unwohl ob der allgemeinen Begeisterung für die Maschine. Wie Rousseau wandten sie sich gegen die Aufklärung, die Wissenschaft und Technologie guthieß, weil diese das menschliche Leben erleichterten.

Seine jugendliche Begeisterung für das Werk seines Landsmannes Machiavelli ließ Vico erkennen, daß das menschliche Leben leider weniger durch die Vernunft als durch Zwist, Konflikte und Veränderung bestimmt wurde. Folglich verfocht Vico eine evolutionäre Sicht der Geschichte mit Stufen des gesellschaftlichen Wachstums ganz ähnlich den Stadien der Entwicklung beim einzelnen Menschen. Aber wie der einzelne kann auch die Gesellschaft korrupt und dekadent werden und untergehen. Herder ging von dieser Analogie aus, gab jedoch noch einen Schuß Idealismus dazu und stellte eine »höhere Einheit« in Aussicht. Dies wurde *das* Bild der Romantik: eine Einheit, die aus Zwist und Konflikten hervorgeht; eine Universalität, die aus der Partikularität entsteht; Gott und das Absolute, die aus der Komplexität und Verwirrung des Alltagslebens hervorströmen. In dieser Hinsicht kann man Herder zu den Romantikern zählen. (Er selbst widersprach dieser Zuordnung.)

Sowohl die Rationalisten als auch die Romantiker beriefen sich mit ihren Gedanken auf Kant, der sich in puncto Dichtkunst am meisten durch Knittelverse erfreuen ließ und dessen Musikgeschmack von dem sonntagnachmittäglichen Konzert einer Blaskapelle befriedigt werden konnte. Doch der Kant, der die Romantiker beflügelte, war nicht derselbe Kant, der durch Hume aus seinem Schlummer erwacht war und es sich zur Aufgabe gemacht hatte, die Grundlagen der Newtonschen Physik zu verteidigen. Es war auch nicht der Kant, der den »kategorischen Imperativ« und die Universalität des Moralgesetzes verfocht. Es war vielmehr der späte Kant der *Kritik der Urteilskraft*, der sich mit dem ästhetischen Urteil und der Zweckgerichtetheit des Kosmos – Themen, die die Romantiker faszinierten – beschäftigte. Was die Einbildungskraft und die Hybris der jungen deutschen Romantiker am stärksten beeindruckte, war Kants Aussage, daß der Zweck der Welt in der Kunst und in den spontanen Eingebungen des *Genies* zu finden sei.

Was den jungen Romantikern fehlte, war ein echter romantischer Philosoph, jemand, der sich an Kants Geniebegriff orientierte, die Welt aber nach ihren kosmischen und meist tragischen Bedürfnissen zurechtschnitt. Selbstverständlich konnte es auch nicht schaden, wenn er obendrein noch einen Sinn für Ironie besaß. Einen solchen Philosophen fanden sie in *Arthur Schopenhauer* (1788–1860). Schopenhauer ist am bekanntesten für seinen Pessimismus und seinen griesgrämig-sarkastischen Stil. Seine Antipathie gegen Hegel ging tief. Am meisten verachtete er an Hegel dessen Optimismus und dessen Sinn für den Fortschritt der Menschheit. Schopenhauer glaubte seinerseits, daß die meisten Menschen meistens völlig verblendet seien und sich das seit den Anfängen der

Menschheit nicht wesentlich geändert habe. Als großer Bewunderer Kants machte er sich Kants Begriff der Erscheinungswelt zunutze und verband sie mit dem buddhistischen Gedanken, daß die Welt eine Illusion, eine bloße Vorstellung ist. Schopenhauer war der vermutlich erste große westliche Philosoph, der die alten philosophischen Lehren Asiens in Gänze übernahm. Der zentrale Gedanke seiner Philosophie war im Gegensatz zu Hegels rationalem Optimismus die erste »Edle Wahrheit« des Buddhismus: »Alles Leben ist Leiden.«[1]

Insofern wir uns als Teil der Welt verstehen, ignorieren wir die tiefe Realität, die ihr zugrunde liegt, das »Ding an sich«, den *Willen.* Für Kant ist dieser Wille im wesentlichen rational und setzt Freiheit voraus. Schopenhauer weicht von Kant ab, indem er die Rationalität des Willens und die Tatsache, daß der Wille Individuen eigen ist, verneint. Es gibt seiner Ansicht nach lediglich *einen* Willen, und dieser Wille ist die Grundlage für alles. Jedes Wesen in der Welt der Erscheinungen manifestiert den Willen auf seine eigene Weise: als Naturgewalt, als Instinkt oder im Fall des Menschen als Intellekt. In jedem Fall drückt sich die gleiche innere Realität aus, und in jedem Fall kann es keine Zufriedenheit geben. Der Wille ist letztlich ohne Zweck. Ein Tier wird geboren. Es kämpft ums Überleben. Es paart sich, pflanzt sich fort, stirbt. Seine Nachkommen tun es ihm gleich; der Kreislauf wiederholt sich Generation für Generation. Was könnte der Sinn all dessen sein? Und sind wir als rationale Wesen in irgendeiner Hinsicht anders?

1 Arthur Schopenhauer. Die Welt als Wille und Vorstellung. IV §56. Wiesbaden 1949.

Den Vier Edlen Wahrheiten des Buddhismus folgend, behauptete Schopenhauer, das ganze Leben sei Leiden. Leiden werde durch Begierde verursacht, also ließe sich das Leiden, wie schon die Buddhisten lehrten, erleichtern, indem man allen egoistischen Begierden ein Ende setzte. Schopenhauer empfiehlt ähnlich wie die Buddhisten die Askese. Doch das für uns zugänglichste Linderungsmittel ist laut Schopenhauer die ästhetische Erfahrung. Die Kunst erlaube uns so etwas wie einen Kurzurlaub von der Zwangsarbeit des Wollens. Schopenhauers Meinung nach verwandelt der geniale Künstler sowohl den Betrachter als auch das Objekt. Etwas Schöneres hätte man den jungen Romantikern überhaupt nicht sagen können. Sie hatten ihren Philosophen gefunden.

Nach Hegel: Kierkegaard, Feuerbach und Marx

Schopenhauer war nicht der einzige philosophische Gegner von Hegel. Er erhielt Unterstützung von *Søren Kierkegaard* (1813–1855). Kierkegaard wuchs in Kopenhagen auf, wo der rationalistische Einfluß von Kant und Hegel die lutherische Kirche dominierte, die wiederum das gesamte dänische Leben beherrschte. Der rationalen Sicht Kants setzte Kierkegaard die Überzeugung entgegen, daß der Glaube seinem Wesen nach irrational sei, eher eine Leidenschaft als ein beweisbarer Glaube. Im Gegensatz zum hegelianischen Holismus, der Menschheit, Natur und Gott in einem einzigen Geist zusammenbrachte, bestand Kierkegaard auf dem Primat des »Einzelnen« und der tiefgehenden Andersartigkeit Gottes. Und gegen die weltlichen Lutheraner, die ihren

Geschäften nachgingen wie immer und die Kirche als Teil ihres wöchentlichen Rituals behandelten, predigte Kierkegaard eine schlichte, leidenschaftliche, einsame, weltabgewandte Religiosität, die zumindest dem Temperament nach wieder in jenes Kloster zurückkehren wollte, aus dem Luther ausgebrochen war. Kierkegaards Lebensaufgabe, eine sokratische Aufgabe, wie er meinte, bestand darin, neu zu definieren, was es bedeutet, Christ zu sein.

Durch dieses neue Verständnis vom Christentum lieferte Kierkegaard auch eine ziemlich spektakuläre Interpretation der bislang vernachlässigten individuellen *Existenz*. Er bestand auf der Bedeutung von Leidenschaft, freiem Willen und Selbstbestimmung. Existenz bedeutet, so Kierkegaard, nicht nur einfach »dasein«, sondern ausgesetzt und leidenschaftlich zu leben, d. h. sich selbst zu erkennen, sich selbst zu wählen und »sich selbst zu realisieren«.[1] Hier liegen die Anfänge des *Existentialismus*. Ein solches entschlossenes Dasein ist seiner Ansicht nach allerdings selten, denn die meisten Menschen begnügten sich damit, Teil einer anonymen Öffentlichkeit zu sein, in der Konformität die Regel sei.

Kierkegaards eigener Lebensweg definierte sich über seine Entscheidung für die Christlichkeit, die er voller Ironie und Sarkasmus von den verwässerten Überzeugungen und der gesellschaftlichen Bevormundung des sogenannten »Christentums« abgrenzte. Um Christ zu sein oder zu werden, ist es seiner Meinung nach nötig, sich leidenschaftlich zu engagieren und angesichts der

1 Søren Kierkegaard. Entweder – Oder. II, hrsg. von Herrmann Drem und Walter Rest. München 1975, S. 826.

»objektiven Ungewißheit« religiöser Behauptungen trotzdem zu glauben. Man kann weder wissen noch beweisen, daß es einen Gott gibt; man muß sich leidenschaftlich für den Glauben entscheiden. Im Zentrum von Kierkegaards Philosophie steht die sogenannte »subjektive Wahrheit«. Er kritisiert Hegel mit seiner historischen Perspektive und seiner allumfassenden Vorstellung vom Geist als einen »abstrakten Denker«, der den existierenden Einzelnen gänzlich ignoriere. Die Entscheidung für das religiöse Leben beruhe zum Beispiel nicht auf rationalen Gründen, sondern ausschließlich auf subjektiven Motiven, einem Gefühl der persönlichen Notwendigkeit und des leidenschaftlichen Engagements. Man muß sich ins Ungewisse vorwagen. Es gibt keinerlei Garantie.

Mitte des neunzehnten Jahrhunderts schien es in der deutschen Philosophie keine Alternative mehr zum Idealismus zu geben. Die Welt bestand nach damaliger Ansicht aus Ideen, egal ob die Welt eine Illusion (wie bei Schopenhauer) oder transzendental objektiv (wie bei Kant) oder sogar absolut (wie bei Hegel) war. Da tauchte plötzlich ein Bilderstürmer namens *Ludwig Feuerbach* (1804–1872) auf, der sich seinen skandalösen Ruf mit einem Buch erworben hatte, das harte Kritik am Christentum übte. Feuerbachs bodenständiger Materialismus läßt sich am besten mit dem berühmten Wortspiel »Man ist, was man ißt« zusammenfassen. Nun, so weit also die idealistische Verfassung der Welt. Das, was der Philosoph ißt, oder, allgemeiner ausgedrückt: wie man körperlich in der Welt zurechtkommt, definiert das Leben. Die Ideen sind lediglich eine Folge davon.

Nach Hegels Tod 1831 lieferte seine Philosophie in Verbindung mit dem radikalen neuen Materialismus Feuerbachs Anregungen für eine neue Generation politisch rebellischer Studenten, die in Feuerbachs Interpretation von Hegels »Dialektik« eine Möglichkeit zum Verständnis der Geschichte und der politischen Auseinandersetzung sahen. Der berühmteste dieser jungen materialistischen Hegelianer wurde *Karl Marx* (1818–1883), der seine Laufbahn als romantischer Dichter und polemischer Journalist begann, sich dann aber daran machte, Hegels dialektischen Idealismus in einen dialektischen Materialismus, eine Theorie über die Macht der Wirtschaft, zu verwandeln. An die Stelle von Hegels Weltgeist traten nun die Produktivkräfte. Widerstreitende Ideen wurden durch miteinander in Wettbewerb tretende sozioökonomische Klassen ersetzt.

Die Geschichte sei seit jeher bestimmt von Klassenkämpfen zwischen denen, die etwas haben, und denen, die nichts haben. Das gelte sowohl für das Verhältnis zwischen Herren und Sklaven in der Antike als auch für die Herren und Leibeigenen im Feudalismus. Im modernen Industriezeitalter sei daraus der Konflikt zwischen den Besitzenden oder Unternehmern und ihren Arbeitern geworden, zwischen der *Bourgeoisie* und dem *Proletariat*. Genau wie Hegel zeigte, daß eine Denkart oder eine Lebensart aufgrund ihrer inneren Widersprüche scheitert, so argumentierte Marx nun, daß die »kapitalistische« Lebensweise, in der einige wenige wohlhabende Industrielle einer Masse ausgebeuteter Lohnarbeiter gegenüberstehen, aufgrund ihrer inneren Widersprüche zusammenbrechen würde. Zuletzt, so Marx, würde dieser Zusammenbruch zu einer »klassenlosen Gesellschaft« führen, in der Arbeit und Lohn gerecht aufgeteilt und niemand ausgebeutet würde und in der niemand unter Armut und Entbehrung leiden müßte.

Die utopische Vision von Marx sollte sich als eine der mächtigsten Ideologien der Welt erweisen und sogar den weltweiten Zusammenbruch des Kommunismus in den neunziger Jahren des zwanzigsten Jahrhunderts überdauern. Egal, was man vom marxistischen Traum im Vergleich zu Adam Smiths System der freien Marktwirtschaft halten mag (man sollte übrigens nicht unterschätzen, in wie vielen Punkten die beiden sich ähneln, zum Beispiel in ihrer Überzeugung vom immanenten Wert der Arbeit und in ihrer Verachtung der Monopolisten) – damit hatten die diesseitige Welt der Wirtschaft und das dynamische Konzept des Materialismus eindeutig Einzug in die Philosophie gehalten.

Wohin, Menschheit? Mill, Darwin und Nietzsche

In England erlebte die Industrielle Revolution mittlerweile bereits ihr zweites Jahrhundert. Der Handel blühte, und das Konsumdenken, eine bis dahin zu vernachlässigende Größe in der Wirtschaft, veränderte die Welt. Die neue Betonung der persönlichen Bedürfnisbefriedigung erforderte auch eine neue Philosophie, eine Philosophie, in der die Erlangung des größtmöglichen persönlichen Glücks der letzte Zweck und Sinn des Lebens wurde. Diese Philosophie heißt *Utilitarismus* und hatte ihre Ursprünge bereits im achtzehnten Jahrhundert, sie erreichte ihre größte Bedeutung allerdings erst mit *John Stuart Mill* (1806–1873).

Schon David Hume war so etwas wie ein Utilitarist gewesen; er hatte behauptet, jegliche Ethik habe ihre Basis in der »Nützlichkeit«. *Jeremy Bentham* (1748–1832) hatte dieser Richtung innerhalb der Philosophie ihren ersten Ausdruck und den Namen gegeben, und John Stuart Mills Vater *James Mill* (1773–1836) hatte zu ihren begeisterten Verfechtern gehört. Doch erst John Stuart Mill gab dem Utilitarismus seine definitive Gestalt. Bentham hatte argumentiert, das wesentliche Prinzip der Nützlichkeit bestehe darin, die Freude zu maximieren und das Leiden zu minimieren. Mill erweitert diese noch ziemlich grobe quantitative Theorie um die Frage nach der *Qualität* dieser Freude. Er betont dabei die Bedeutung von Dichtkunst und Philosophie, obwohl rein hedonistisch gesehen denjenigen, die bisher noch nie an subtilere Vergnügungen herangeführt wurden, vielleicht ein Ringkampf im Schlamm oder Kegeln mehr Spaß machen. Der Utilitarismus erfaßte die Mentalität des Konsumdenkens aufs perfekteste. Er breitete sich ohne große Widerstände nach Frankreich und natürlich auch nach Amerika aus, wo er mit offenen Armen empfangen wurde. In Deutschland wurde er zunächst als ausgesprochen ordinär angesehen, aber dort hatte die Industrielle Revolution ja auch kaum begonnen. (Nietzsche meinte seinerzeit, der Mensch lebe nicht für das Vergnügen, das tue nur der Engländer.)

In Verbindung mit seinem Utilitarismus und seinen frühen Ausführungen über die Tugenden des freien Unternehmertums entwickelte Mill auch eine aussagekräftige Theorie über die Rechte des Individuums. Seine Ansicht ist der klassische Ausdruck des »Liberalismus«.

Später näherte Mill sich dem Sozialismus an, blieb aber sein Leben lang ein eifriger Verfechter der individuellen Freiheit. Der einzige Grund, die Freiheit eines Menschen einzuschränken, so Mill, bestehe darin, dadurch die Freiheit anderer zu schützen.

Mills Erkenntnistheorie war revolutionär oder zumindest die Fortsetzung einer älteren britischen Revolution. Sein dreister neuer Empirismus zeigte sich besonders in der Biologie, einem Gebiet, das lange Zeit von aristotelischen Kategorien und religiösen Ansichten über die Schöpfung besetzt war. Natürlich hatten die Menschen seit Aristoteles immer zwischen den Eigenschaften, Interaktionen und Differenzen der schier endlosen Zahl von Tier- und Pflanzenarten unterschieden. Die Frage, *warum* es so viele Arten gab und *wie* es ihnen gelang, sich so gut in ihre Umwelt einzufügen, klang merkwürdig. Die meisten Menschen sahen die traditionelle Antwort in der Schöpfungsgeschichte: »Weil Gott sie so geschaffen hat.« Doch Mitte des Jahrhunderts gelangten zwei heftig miteinander konkurrierende Naturforscher, *Alfred Russell Wallace* (1832–1913) und *Charles Darwin* (1809–1882), zu einer Theorie, die nicht nur die Vorstellung von der Natur verändern, sondern auch die meisten Verfechter einer wörtlichen Auslegung der Bibel entsetzen sollte.

Die Theorie der *Evolution* ging davon aus, daß Arten im Verlauf von Hunderten von Millionen Jahren willkürlich auf der Erde auftauchten. Abhängig von ihrer Anpassungsfähigkeit an die Umwelt überlebten sie und vermehrten sich, oder sie verschwanden wieder. Der Haken an der Sache war natürlich, daß sich nach dieser Theorie auch der Mensch entwickelt hatte. Manche

Menschen waren seinerzeit zutiefst verletzt von der Vorstellung, daß ihre Vorfahren Affen gewesen waren. Andere fanden es blasphemisch zu denken, daß Zufall und Gelegenheit, nicht Gott, den Menschen hervorgebracht hatten. Doch selbst diejenigen, die kein Problem mit dem Gedanken der menschlichen Evolution hatten wie Darwin selbst, sahen sich nun einer wichtigen Frage gegenüber: Konnte der Mensch sich immer noch weiterentwickeln? Und wenn ja, zu was? Konnte es sein, daß auch sein Leben nur ein kurzes Zwischenstadium ist, zwischen den »niedrigeren« Tieren und einem höheren, mächtigeren, wandlungsfähigeren Wesen?

Ende des Jahrhunderts erhielten solche Fragen ihre schockierendsten und provokantesten Antworten. Der deutsche Philosoph *Friedrich Nietzsche* (1844–1900) schrieb einen extravaganten, fiktionalen Text, der vorgab, die lehrreichen Erfahrungen eines gewissen Zarathustra (nach dem persischen Propheten, der über die kosmischen Mächte Gut und Böse gesprochen hatte) zu behandeln. In seinem Werk *Also sprach Zarathustra* legte Nietzsche seine Theorie dar, daß der Mensch lediglich ein Bindeglied zwischen dem Affen und dem »*Übermenschen*« sei. Damit stellte er die Zukunft der »menschlichen Natur« in Frage.

Außerdem führte Nietzsche in demselben Werk eine Figur ein, die er »der letzte Mensch« nannte, ein erschreckender (für manche Menschen vielleicht auch verlockender) Ausblick auf das »Ende« der Evolution. Der letzte Mensch ist der ultimative Bourgeois, der saturierte Utilitarist, eine Ausgeburt an Trägheit. »Wir haben das Glück erfunden«[1], sagt der letzte Mensch und blinzelt zufrieden, aber auch ein wenig gelangweilt. Auch das, warnt Nietzsche, gehört zum Potential des Menschen. Wir können fortfahren zu konsumieren, uns ausschließlich um unser Wohlbehagen kümmern, dem Rätselhaften und Unbekannten keine Beachtung schenken und jegliche Art von Kreativität verweigern, bis die Welt für uns so sicher ist, daß wir unausrottbar werden, »wie der Floh«. Doch wir können auch danach streben, das »Menschliche und Allzumenschliche« zu überwinden und ein *Übermensch* zu werden. Aber um zu begreifen, was ein solcher Übermensch ist, müßten wir die gesamte westliche Geschichte kritisch zurückverfolgen, um zu sehen, wer wir sind und wie wir zu dem wurden, was wir sind.

Mit seiner Betonung, daß wir nur im Blick auf die Geschichte herausfinden können, was wir sind und was wir sein können, bezog Nietzsche sich nicht nur auf Darwin, sondern auch auf Hegel, Vico und Herder. Nietzsche verfolgte die Entwicklung des westlichen Denkens zurück und beschäftigte sich mit dem frühen Christentum, mit Sokrates, ja sogar mit Homer und den vorsokratischen Dramatikern. Nietzsche war seiner Ausbildung nach Altphilologe und sah das griechische Erbe des Westens im Widerspruch zu seinem jüdisch-christlichen Hintergrund. Er widersprach der Synthese beider, die sich im Lauf der christlichen Geschichte entwickelt hatte, heftig.

---

1 Friedrich Nietzsche. Also sprach Zarathustra. Vorrede. In: F. Nietzsche, Werke in 3 Bdn., hrsg. von K. Schlechta. München 1969, Bd. II, S. 285.

Nietzsche beschäftigte sich intensiv mit der unterschiedlichen Annäherung der beiden Traditionen an das menschliche Leiden. Während die jüdisch-christliche Tradition die Erklärung allen Elends in der Sünde suchte (Nietzsches Ansicht nach bedeutete das, daß man einfach dem Opfer die Schuld gab), erachteten die alten Griechen großes Leid als Hinweis auf das grundsätzlich tragische Wesen des menschlichen Lebens. Nietzsches erstes Werk *Die Geburt der Tragödie* analysierte die Kunst der attischen Tragödie als Ergebnis des untrüglichen Sinns der Griechen für das Leben in seiner totalen Ausgesetztheit. Die Tragödie, so Nietzsche, erwachse aus dieser Erkenntnis der Ohnmacht und aus der Verklärung, ja der Idealisierung des menschlichen Schicksals.

Nietzsche meinte, die griechische Tragödie integriere zwei verschiedene Perspektiven, die die Athener mit den beiden Göttern Apollo und Dionysos in Verbindung brachten. Dionysos, der Gott des Weines und der Sinnlichkeit, repräsentiert den Fluß und die Veränderlichkeit des Seins, die Hinnahme des Schicksals und das Chaos der Kreativität. Seine Anhänger erfreuen sich daran, am wilden, ausufernden Rausch des Lebens teilzuhaben. Aus der dionysischen Sicht ist die individuelle Existenz lediglich eine Illusion; unsere eigentliche Realität besteht in unserer Teilnahme am Leben des Ganzen. Apollo, der Sonnengott, hingegen spiegelt die Faszination der Athener von Schönheit und Ordnung. Aus der apollinischen Perspektive ist die individuelle Existenz unbestreitbar real, und die menschliche Ohnmacht ist schrecklich. Doch die apollinische Perspektive läßt diese Realität als schön erscheinen und verleiht uns die Fähigkeit, unsere Ohnmacht eine Weile zu vergessen und unser endliches Leben in der Welt zu lieben. Das Geniale der attischen Tragödie lag nach Nietzsches Ansicht in ihrer gleichzeitigen Evozierung beider Perspektiven.

Nietzsche zog diese tragische Lösung des Problems des Bösen der jüdisch-christlichen Lösung durch Sünde und Erlösung vor. Er zog sie auch dem Pessimismus seines philosophischen Mentors Schopenhauer sowie jenem modernen, wissenschaftsgläubigen Optimismus vor, der das Tragische ignoriert und so tut, als ließen sich alle Probleme des Menschen mit Hilfe der Technologie lösen. Nietzsche pflichtete der ethischen Weltsicht der Griechen bei, die persönlichen Rang und Adel betonte, anders als das, was Nietzsche als die jüdisch-christliche Besessenheit von Sünde, Schuld und von jenseitiger Erlösung sah.

Jene frühen Griechen wußten nach Nietzsche einfach zu leben. Das, was die Griechen unter Moral verstanden, basierte auf gesunder Selbstbehauptung, nicht auf Selbsterniedrigung oder Unterdrückung der Instinkte. Schluß mit der traditionellen Betonung der »Gelassenheit« und der *apatheia*. Unsere Ideale müssen Ideale voller Energie, kreative Ideale, sein. Wie Schopenhauer ging Nietzsche davon aus, daß der Mensch wie die anderen Lebewesen durch den Selbsterhaltungswillen ausgezeichnet sei, doch Nietzsche behauptete darüber hinaus, daß wir (und alles Lebendige) »Wille zur Macht« sind, angetrieben von dem Wunsch, die eigene Vitalität und Stärke zu steigern. Im Widerspruch zu Schopenhauers Pessimismus im Hinblick auf den Sinn des Lebens erklärte Nietzsche, jene Vitalität selbst sei der Sinn des Lebens; die Bejahung des Lebens, nicht seine Ablehnung, solle der Zweck der Philosophie sein.

Entgegen der Moral im Athen der Antike, einer Moral des tragischen Heroismus und der Selbstüberwindung, so argumentierte Nietzsche, habe die christliche Moral den Durchschnittsmenschen ohne besondere Leidenschaften zum Vorbild erhoben. Der Mensch, der letztlich nichts aus seinem Leben macht, nur der »Sünde« aus dem Weg geht, kann aus christlicher Sicht des Himmels würdig sein, während ein kreativer Mensch unter Umständen als »unmoralisch« verurteilt wird, weil er sich weigert, »der Herde« zu folgen. Nach Ansicht von Nietzsche handelt es sich bei den meisten Verboten der jüdisch-christlichen (und kantischen) Ethik um gleichmacherische Mittel, die die Schwachen und Mittelmäßigen einsetzen, um die Talentierten und Stärkeren zu benachteiligen. Folglich verteidigt Nietzsche eine Sicht »jenseits von Gut und Böse«, jenseits der menschlichen Neigung, ein moralisches Urteil über das eigene und das Verhalten der anderen zu fällen. An ihre Stelle setzt er eine kreativere, psychologische und naturalistische Perspektive.

Nietzsche zieht einen Schlußstrich unter die lange Reihe von Versuchen, Zugang zu einer transzendenten Welt zu erlangen: In beißendem Tonfall bestritt er schon die Vorstellung von einer solchen Welt, von einer Realität hinter dem Schein, einer Welt, die anders – besser – als diese hier ist. Nietzsches Angriffe gegen das »Jenseitige« fanden ihr offensichtlichstes Ziel in der jüdisch-christlichen Tradition, die davon ausging, daß es eine allmächtige, wohlwollende Gottheit hinter allem gibt. Der christlichen Weltsicht, die das menschliche Leben lediglich als Übergang zur Ewigkeit begreift, setzte Nietzsche eine Wiederbelebung der alten Vorstellung von der »*ewigen Wiederkehr des Gleichen*« entgegen, die Ansicht, daß die Zeit sich zyklisch wiederholt. Wenn man dieses Bild der ewigen Wiederkehr ernst nimmt und sich vorstellt, daß man sein Leben immer wieder genauso leben muß, erhält das, was sonst als bloßer »Augenblick« erscheint, plötzlich immenses Gewicht. Mit anderen Worten: Leben, dieses Leben, zählt.

Nietzsche griff nicht nur das Christentum an, sondern auch Platon, den er ebenfalls als Verfechter der Ansicht sah, daß es eine andere, wichtigere Welt gibt als die unsere. Letztlich wandte sich Nietzsche gegen die gesamte westliche Tradition der Philosophie. Manchmal sprach er sich sogar gegen den Gedanken der »Wahrheit« aus und behauptete, Vorstellungen, die wir für wahr halten, seien eben nur, möglicherweise sogar falsche, Vorstellungen, die sich als nützlich erwiesen haben. Auch das philosophische Denken solle sich nicht weiter mit der Wahrheit auseinandersetzen und es sich statt dessen zum Ziel setzen, erfüllt zu leben.

Vom Puritanismus zum Pragmatismus: Philosophie in Amerika

Nietzsches Ablehnung der Wahrheit zugunsten des Lebens wurde in der Neuen Welt, die jetzt selbst zum Objekt beträchtlicher philosophischer Spekulationen in Europa (nun der »Alten Welt«) wurde, voller Interesse aufgenommen. Doch die amerikanische Philosophie sollte noch eine ganze Weile brauchen, bis sie einen eigenen Standpunkt entwickelte. Es ist symptomatisch, daß eine der ersten erfolgreichen philosophischen Schulen in

Amerika eine Gruppe von Hegelianern in Saint Louis, Missouri, also mitten im Land, war. In Harvard und auch anderswo lieferten Deutschland und England die philosophischen Vorbilder. Sogar heute noch sind die neuesten philosophischen Moden von New York bis Kalifornien oft nur Importe aus Frankreich.

Die frühen Siedler hatten andere Sorgen als die Beschäftigung mit europäischen Philosophen und Moden. Die neuen Siedlungen waren oft in Gefahr, so daß es ratsam war, sich den unmittelbaren Anforderungen des praktischen Lebens zu stellen. Dementsprechend zeichnete sich die amerikanische Philosophie von Anfang an durch einen ausgesprochenen Sinn für Sachlichkeit, Praxis und Pragmatik aus.

Die philosophische Geschichte der Neuen Welt (und insbesondere von Neuengland, also den sechs nordöstlichen Staaten der USA) begann mit religiösen Auseinandersetzungen und separatistischen Bewegungen. Viele der frühen Siedler hatten Europa auf der Suche nach religiöser Freiheit und Toleranz verlassen, doch sobald sie sie gefunden hatten, bewiesen sie selbst keine große Toleranz mehr. Das erste Werk der amerikanischen Literatur war ein Versuch, die puritanische Doktrin zu stärken, Michael Wigglesworths *The Day of Doom: or a Poetical Description of the Great and Last Judgment* von 1662. Die Predigten von *Jonathan Edwards* (1703–1758), einem puritanischen Geistlichen aus den Neuenglandstaaten, sollten ebenfalls dazu dienen, die religiöse Doktrin zu unterstützen. Edwards beschrieb darin das, was er als Grundglauben des Protestantismus verstand, nämlich daß wir in einem Zustand der »Verderbtheit« geboren werden und Erlösung nur durch Gottes Gnade finden können. Der Hang zum Religiösen im allgemeinen sowie die Entstehung neuer religiöser Bewegungen im besonderen hatten sehr viel mit dem neuen amerikanischen Temperament zu tun. Die katholische Kirche in Rom bestand schon seit mehr als fünfzehnhundert Jahren, die Halbwertszeit mancher Kirchen in den Neuenglandstaaten schien lediglich ein paar Monate zu betragen.

Auch als Städte gegründet und Plantagen angelegt worden waren und die Siedler allmählich Geld verdienten, übte die Philosophie offensichtlich noch keinen großen Reiz auf die Händler und Farmer aus, die immer weiter in die Wildnis nach Westen vordrangen und den Grundstein für das spätere Amerika legten. In den Kolonien gab es nur wenige philosophisch begabte Denker, die meisten von ihnen Anwälte und Geschäftsleute, unter ihnen *Thomas Jefferson* (1743–1826), der Verfasser der Unabhängigkeitserklärung (vgl. hier auch S. 157), und *Benjamin Franklin* (1706–1790), der in den revolutionären Ideen der Aufklärung eine Ideologie (bzw. eine Reihe komplexer Ideologien) fand, auf die sich eine neue Nation gründen ließ. So wurden die Vereinigten Staaten zum Land der Ideen. Sie wurden zum ersten oder zumindest bekanntesten modernen Beispiel für eine Nation, die sich von Anfang an auf eine eigene Verfassung berief. Die amerikanische Philosophie blieb aber im wesentlichen eine akademische Angelegenheit, während die breite Öffentlichkeit, auch die gebildeten Schichten, sich durch einen wachsenden Anti-Intellektualismus und Ignoranz gegenüber der Philosophie auszeichneten.

Als Amerika industrialisierter und städtischer wurde, führte die Wiederbelebung romantischer Ideale dazu, daß man sich gegen Behaglichkeit und Konsumdenken aussprach und das einfache Leben propagierte. Im neunzehnten Jahrhundert feierten die amerikanischen Philosophen die erhabeneren Aspekte der Naturschönheiten ihres Landes. Auch Emigranten aus Europa entwickelten Philosophien, die die Natur als Quelle spiritueller Anregung in den Mittelpunkt stellten. Und je größer die amerikanischen Städte wurden und je mehr Probleme diese hatten, desto öfter tauchte das Ideal der Natur im amerikanischen Denken auf. *Henry David Thoreau* (1817–1862) zum Beispiel war der bekannteste einer langen Reihe selbsternannter Einsiedler; er ließ sich am Walden Pond bei Concord in Massachusetts nieder. Thoreau war ein Anarchist ohne richtigen Beruf und lobte das einfache Leben des einzelnen in der Natur gegenüber dem städtischen Leben des Handels, das so viele seiner Zeitgenossen anzog. Seine Abneigung gegen die Exzesse der zivilisierten Gesellschaft veranlaßten ihn sogar dazu, den bürgerlichen Ungehorsam als friedliches Mittel zur Durchsetzung wichtiger gesellschaftlicher Reformen zu propagieren. Sein Essay *Civil Disobedience* hatte bleibenden Einfluß; auf ihn beriefen sich sowohl Mahatma Gandhi als auch Martin Luther King in ihrem Widerstand gegen Imperialismus und Rassendiskriminierung.

Der Exzentriker Thoreau war Teil einer größeren philosophischen Bewegung, des *New England Transcendentalism*, der seine Blütezeit zwischen 1836 und 1860 erlebte. Die großen »Transzendentalisten« in den Neuenglandstaaten waren unmittelbare philosophische Nachkommen Kants und Hegels. *Ralph Waldo Emerson* (1803–1882) zum Beispiel betonte die spirituelle Bedeutung der Natur. Ähnlich wie Hegel glaubte auch Emerson, daß die Menschheit durch eine kollektive »All-Seele« verbunden sei, die intuitive moralische Anleitung gebe. Emerson propagierte die *Unabhängigkeit* als ultimative Tugend und kombinierte Gedanken der Aufklärung und der europäischen Romantik mit progressiven Ideen für soziale Reformen, besonders die Abschaffung der Sklaverei und die Einführung des Frauenwahlrechts. Die Transzendentalisten waren Optimisten, überzeugt von der angeborenen Güte des Menschen und begeistert über sein Potential. Emerson entwickelte die Philosophie des *säkularen Humanismus*, die von zeitgenössischen Vertretern der protestantischen Kirche bisweilen geschmäht wurde. Doch genau wie der Humanismus seine Wurzeln in der christlichen Religion hat, basiert auch der säkulare Humanismus auf Religiosität.

Die Beeinflussung der Transzendentalisten durch die europäische Romantik und deren Vertreter machte den amerikanischen Intellektuellen dann bald doch zu schaffen. Die Amerikaner hatten ziemlich selbstbewußt vieles von dem zurückgewiesen, was eindeutig europäisch war, und sie waren im allgemeinen stolz auf ihre Originalität und ihren Einfallsreichtum. Daraus ergab sich das Bedürfnis nach einer genuin amerikanischen Philosophie. Die amerikanische Philosophie sollte sich deutlich von den scholastischen und metaphysischen Reflexionen Europas unterscheiden. Sie würde auf einer ganz und gar amerikanischen Art des Denkens beruhen – sie wäre also praktisch und nüchtern, eine Spiegelung der amerikanischen Erfahrung. Diese Philosophie war der *Pragmatismus*.

Charles Sanders Peirce (1839–1914), ein Philosoph in Harvard, entwickelte seinen Pragmatismus als Korrektiv der plumpen und unexakten wissenschaftlichen Methoden seiner Zeit. Peirce war primär Logiker und ist am bekanntesten für seine Entwicklung einer Theorie der Zeichen und ihrer Beziehungen zueinander. Doch er beschäftigte sich nicht nur mit der Mathematik und der Logik formaler Zeichen, sondern stellte auch den Sinn und die Brauchbarkeit vermeintlich »ewiger« Überzeugungen für einen »apriorischen« Beweisgang in Frage. Als Pragmatiker bestand er darauf, daß wir die Zuverlässigkeit unserer Überzeugungen immer wieder überprüfen und jene verwerfen, die diese Prüfung nicht bestehen.

William James (1842–1910), der Bruder des Romanciers Henry James, sah das Hauptanliegen des Pragmatismus in seiner neuerlichen Betonung der *Erfahrung*, in einem »radikalen Empirismus«, der sich auf keinen der Kompromisse einließ, die der ältere Empirismus eingegangen war. James prägte den Begriff »Bewußtseinsstrom« und lebte und arbeitete im Grenzbereich zwischen Philosophie und Psychologie. Er interessierte sich als einer der ersten Amerikaner für die neue Disziplin der Neurologie; sein zweibändiges Werk *The Principles of Psychology*, das heute natürlich überholt ist, gilt nichtsdestotrotz nach wie vor als einer der Klassiker auf diesem Gebiet. James interessierte sich nicht nur für die Wissenschaft, sondern auch für die Probleme des Alltagslebens. Folglich machte er den Pragmatismus als erster einer breiteren Öffentlichkeit zugänglich. (Wir sollten erwähnen, daß Peirce diese Popularisierung voller Verachtung betrachtete und seine eigenen Lehren von denen seines Konkurrenten unterschied, indem er ihnen die Bezeichnung »Pragmatizismus« gab, ein so häßliches Wort, daß jeder vor seiner Verwendung zurückschrecken würde.)

Unsere Gedanken haben, so James, nur dann Sinn, wenn sie einen »Geldwert« besitzen, das heißt, wenn sie tatsächlich in der Praxis brauchbar sind. Gute Ideen sind für etwas gut. Doch trotz dieser praktischen Ausrichtung tat James die Bedeutung von Religion und Moral nicht einfach ab. Er erachtete die religiöse Erfahrung vielmehr als unverzichtbaren Aspekt des »praktischen« Lebens eines Menschen. Die religiöse Erfahrung war seiner Meinung nach wichtiger als die religiöse Doktrin, doch James sah, daß moralische und religiöse Überzeugungen durchaus »Geldwert« haben konnten, wenn sie uns halfen, unserem Leben Orientierung und Sinn zu geben.

Seine Betonung der Erfahrung macht die andauernde Wirkung von William James auf die amerikanische Philosophie und benachbarte Disziplinen wie Geschichte, Journalismus und Literaturkritik begreiflich. »Erfahrung« ist genau das, worum sich im Amerika des zwanzigsten Jahrhunderts alles zu drehen scheint, sowohl in der Entwicklung immer neuer Medien als auch in der Erfindung der sogenannten »Erlebniskultur« (hierbei handelt es sich nicht nur um Unterhaltung, sondern um das mittelbare Erleben von Abenteuern und den Flirt mit der Gefahr). In der Philosophie zeitigte diese Betonung der Erfahrung auch eine Verschiebung in Richtung *Pluralismus*, der die Legitimität unterschiedlicher Erfahrungs- und Lebensweisen propagiert – die perfekte Philosophie also für eine immer multikulturellere Gesellschaft aus ehrgeizigen, wagemutigen Einwanderern.

Der Hauptvertreter des Pragmatismus im zwanzigsten Jahrhundert und vielleicht *der* amerikanische Philosoph überhaupt war *John Dewey* (1859–1952). Dewey wurde beeinflußt von Hegel und stellte seine Lehren als junger Philosoph mit großem Eifer vor. Obwohl er sich später von Hegel entfernte, baute Dewey seine gesamte Philosophie auf einem hegelianischen Konzept von dynamischer Einheit auf. Er wehrte sich sein Leben lang gegen alle übertriebenen Dualismen – von Geist und Körper, notwendigen und kontingenten Lehrsätzen, Ursache und Wirkung, Säkularem und Transzendentem –, die die Erfahrung eher fragmentarisieren als erklären und die seiner Ansicht nach philosophischen Fortschritt unmöglich machen. Dewey war Antireduktionist; ihm waren ausführliche Theorien und funktionales Verständnis – »Wie funktioniert das?«, »Wie paßt das?« – wichtiger als die statische, abstrakte Analyse.

Deweys Ausrichtung des Pragmatismus, der sogenannte *Instrumentalismus*, behandelt die Gedanken als Werkzeuge bei unseren Bemühungen, die praktischen Probleme zu bewältigen. Mehr als jeder andere Pragmatiker betonte er die *Praxis*, als Art und Weise, die Dinge zu erlernen, nämlich indem wir sie *tun*. Diese Theorie der Erziehung, die oft wegen ihrer Großzügigkeit und Nachgiebigkeit verlacht wurde, beruht vor allen Dingen auf der Ansicht, daß Kinder lernen, indem sie etwas ausprobieren, nicht, indem sie zuhören oder lesen. Dewey kritisierte jene Philosophen, die ihr Wissen über die Menschheit aus der Beobachterperspektive gewonnen haben anstatt durch Partizipation. So setzte er an die Stelle der traditionellen Wissenschaftsphilosophie, die Methoden und Ergebnisse betonte, die Erkundung des Wesens von Forschung und Bildung. Erziehung ist Erfahrung, und Erfahrung ist der Prozeß der Problemlösung durch aktive Teilnahme – mit anderen Worten: das genaue Gegenteil der traditionellen Vermittlung von Wissen in der Schule.

In einer Nation, die sich noch immer auf ihr »Jung-sein« berief, stammten einige der größten Philosophen aus den Reihen der unterdrückten Minderheiten. Einen großen Teil der reichen mündlichen Tradition der indianischen Philosophie haben wir verloren, aber dafür besitzen wir eine ganze Reihe von Dokumenten der afro-amerikanischen Philosophie, beredte Zeugnisse des Widerstands und der Beschäftigung mit dem Wesen des Menschen und der Ungerechtigkeit. *Frederick Douglass* (1817–1895) zum Beispiel war ein ehemaliger Sklave, der später zum führenden Sprecher der Bewegung zur Abschaffung der Sklaverei wurde. *W. E. B. Du Bois* (1868–1963) analysierte das komplexe Identitätsgefühl des amerikanischen Schwarzen und propagierte das, was später die Bezeichnung »*black pride*« erhalten sollte. Auch *Martin Luther King, Jr.* (1929–1968) sprach sich für den Gedanken einer vollständig integrierten Gesellschaft aus, und *Malcolm X* (1925–1965) kämpfte auf völlig andere Art gegen die Rassendiskriminierung. Aber wir wollen nicht vorgreifen. Bevor wir den Atlantik überquerten, um einen Blick auf Amerika zu werfen, befanden wir uns noch im Europa des neunzehnten Jahrhunderts. Und dorthin wollen wir jetzt zurückkehren.

Im August 1900 starb Nietzsche. In den letzten Jahren, in denen er noch klar denken konnte, machte er einige schreckliche Vorhersagen für das neue Jahrhundert. Es würde, so Nietzsche, den »Tod Gottes« erfahren und mit dem Todeskampf der modernen Dekadenz und des Unglaubens sowie den gewaltigen Auswüchsen des Ressentiments konfrontiert werden, und es würde erfahren müssen, daß es doch keine »Wahrheit« gibt. Nietzsche prophezeite eine verzweifelte Suche nach neuen Göttern oder Führerpersönlichkeiten und neuen Mythen oder Ideologien. Er sagte Kriege vorher, wie sie die Welt noch nicht erlebt hätte. Die beiden Weltkriege (1914–1918 und 1939–1945) sollten ihm nur zu bald recht geben.

Zurück zu den Grundlagen: Frege, Russell und Husserl

Philosophie ist nie unabhängig von Zeit und Ort, egal wie abstrakt sie sein mag oder wie »ewig« oder »zeitlos« sie selbst zu sein meint. Philosophie kann prophetisch sein oder nostalgisch, sie kann als Spiegel dienen, als Reflexion einer Kultur. Aber noch häufiger drückt sie abstrakt die Ideale und das Streben einer Gesellschaft aus. Die Aufklärung war vor allen Dingen ein Ausdruck der Hoffnung, des Optimismus und des Glaubens an die rationalen Fähigkeiten des Menschen, etwas über die Welt zu erfahren und eine Gesellschaft aufzubauen, die Frieden und Wohlstand sichern würde. Zu Beginn des zwanzigsten Jahrhunderts waren diese Hoffnungen noch ziemlich lebendig; fast ein Jahrhundert war vergangen seit den großen Kriegen, die ganz Europa verwüsteten. Trotzdem begannen die Aufklärung und ihre Auffassungen zu bröckeln, und inmitten der wachsenden Dekadenz – wie Nietzsche es anhand des sokratischen Griechenland von vor zweieinhalbtausend Jahren analysiert hatte – konnte die Philosophie als Ausweg aus den Problemen der Welt dienen. Doch nun führte dieser Weg nicht in Richtung Jenseits, sondern in eine ideale Welt, die reine und präzise Welt der Mathematik und Logik.

Johann Gottlob Frege (1848–1925) war ein politisch konservativer deutscher Mathematiker, der das neu erwachende philosophische Interesse an der Logik weckte. Er versuchte, die »Grundlagen« der Arithmetik zu finden, deduktive Beweise dafür, daß so elementare Gleichungen wie »zwei plus zwei ist gleich vier« tatsächlich notwendigerweise wahr sind. Er verlagerte die Logik von der Beschäftigung mit der Beziehung zwischen einzelnen Lehrsätzen, die das Gebiet seit Aristoteles beherrscht hatte, und entwickelte die sogenannte »Quantoren-Logik« (sie beschäftigt sich mit Kategorien wie »alle«, »manche« oder »keine«), die auch heute noch eine Grundlage der zeitgenössischen Logik ist. Ähnlich wie Descartes und Locke die moderne Philosophie auf den Weg der Epistemologie brachten, brachte Frege die zeitgenössische Philosophie zu Logik und Sprachanalyse. Die »linguistische Wende« stellte einen erstaunlichen Durchbruch dar. Innerhalb der Grenzen der »analytischen« Philosophie eröffnete sie die Aussicht auf eine allumfassende Theorie.

In England las ein junger, ausgesprochen liberaler Aristokrat namens *Bertrand Russell* (1872–1970) die Schriften von Frege. Russell wurde durch diese Lektüre zu dem Beweis angeregt, daß die elementaren Lehrsätze der Arithmetik sich ganz allein mit Hilfe der Logik demonstrieren ließen. (Es heißt, daß sein Interesse daran bereits mit elf Jahren erwachte, nachdem sein Lehrer ihm gesagt hatte, er solle die arithmetischen Tabellen nicht in Frage stellen, sondern sie einfach auswendig lernen.) Er tat sich mit einem anderen Mathematiker ähnlicher Ausrichtung namens *Alfred North Whitehead* (1861–1947) zusammen und verfaßte zusammen mit ihm den dreibändigen Klassiker *Principia Mathematica* (veröffentlicht 1910–1913), der die Arithmetik letztlich auf eine kleine Anzahl logischer Axiome »reduzierte«. Noch heute gibt es Philosophen, die die Logik als die einzig »wahre« Philosophie erachten.

Russell war Empirist, Naturwissenschaftler und Materialist. Außerdem war er ein unerschrockener logischer *Atomist*. Das heißt, seiner Meinung nach verwiesen einfache Sprachelemente – Sätze – auf einfache Erfahrungselemente – Sinnesdaten –, die durch einfache Realitätselemente – Fakten – verursacht wurden. Russell war sowohl in seiner Erkenntnistheorie als auch in seiner Logik Minimalist. Er versuchte, die Komplexität der Welt und unserer Erfahrung von der Welt auf ihre einfachsten Elemente, also »Atome«, zu reduzieren. Im Sinne der Schule, die er mitbegründete, sollte die Philosophie sich der Analyse widmen: das Komplexe in seine Grundbestandteile zerlegen und verstehen lernen, wie sie zusammenpaßten. (Die britischen Hegelianer glaubten im Gegensatz dazu immer, daß alles mit allem anderen in Verbindung steht und daß sich die Einzelteile nicht ohne Bezug zum Ganzen begreifen lassen.) Folglich müßte auch unsere Sprache klarer, eindeutiger werden, sich zu einer *Idealsprache* entwickeln. Man müßte ihre Grammatik mit Hilfe der Logik neu formulieren, um die Struktur der Welt genauer spiegeln zu können.

Später wandte Russell sich anderen, weltlicheren Fragen zu. Zum Beispiel schrieb er einen Bestseller über die Geschichte der Philosophie, initiierte eine Reihe umstrittener Angriffe auf das Christentum und auf organisierte Religionen im allgemeinen. Er verteidigte öffentlich das, was später unter der Bezeichnung »freie Liebe« bekannt wurde, obwohl er selbst immer wieder für sexuelle Verantwortung eintrat. Er sprach sich mehr als einmal wortgewaltig gegen den Militarismus aus und war Mitbegründer der Anti-Atomkraftbewegung. Gegen Ende seines langen Lebens verfaßte er eine geschliffene und leidenschaftliche Autobiographie, in der er sein politisches Engagement, seine Liebe zur Philosophie und das, was wir höflich seine Liebe zur Liebe nennen dürfen, dokumentierte. Außerdem erklärte er – was der Erste Weltkrieg nachhaltig bewiesen hatte –, daß die Welt »schrecklich« sei. Im Vergleich zu diesen Aussagen wirkte die formale Philosophie wie die reine Flucht und Zeitverschwendung.

Mittlerweile verfaßte ein bekannter Mathematikprofessor namens *Edmund Husserl* (1859–1938) unter dem Einfluß der deutschen Empiriker seine eigene Philosophie der Arithmetik. Anders als Russell und Whitehead argumentierte Husserl, daß sich die elementaren Lehrsätze der Arithmetik nicht auf die Logik gründeten, sondern es sich dabei vielmehr um abstrakte Generalisierungen der Erfahrungen handle (eine These, die bereits John Stuart Mill einige Jahrzehnte zuvor vertreten hatte). Frege widerlegte Husserl, der daraufhin – höchst ungewöhnlich für einen Philosophen – seine Meinung änderte. Nun argumentierte Husserl wie Russell und Whitehead, bei der Arithmetik handle es sich tatsächlich um eine apriorische Wissenschaft. Doch während Russell und Whitehead ihre Analyse auf die Logik gründeten, entwickelte Husserl eine völlig neue Methode der philosophischen Erforschung der Natur notwendiger Wahrheit, die er selbst *Phänomenologie* nannte.

Husserl definierte die Phänomenologie als wissenschaftliche Untersuchung der wesentlichen Strukturen des Bewußtseins, wobei die Phänomenologie nicht von einem Gegensatz zwischen Schein und zugrundeliegender Realität ausging. (Das Wort »Phänomenologie« kommt aus dem Griechischen und bedeutet »Erscheinung«. Kant hatte das Wort »Phaenomena« benutzt, um sich auf die Welt unserer Erfahrung zu beziehen.) Durch die Beschreibung dieser Strukturen, so Husserl, könnten wir nicht nur Gewißheit finden, sondern auch die Grundlagen der Arithmetik, nach denen er als Mathematiker suchte. Zu diesem Zweck beschreibt Husserl einen phänomenologischen Standpunkt, der das Bewußtsein als *intentional* ansieht, als etwas, was immer auf ein Objekt gerichtet ist, sei dies etwas Materielles oder auch wie in der Mathematik etwas Ideelles. Das »reine Bewußtsein« aber wird gewonnen durch eine Reihe phänomenologischer »Reduktionen«, die die wesentlichen Merkmale, die *Bedeutungen* des Bewußtseins, beschreiben. Husserl hielt diese Bedeutungen (ähnlich wie Kants Kategorien) für universell und notwendig. Er lehnte den »Relativismus« ab, der gerade begann, in der europäischen und amerikanischen Philosophie Fuß zu fassen.

Gegen Ende von Husserls Leben eskalierte die nationalsozialistische Herrschaft in Deutschland, und die Welt bereitete sich wieder einmal auf einen Krieg vor. Husserl verlagerte sich nun auf ein sozialeres und »existentielleres« Interesse an der menschlichen Erkenntnis. Er warnte vor einer »Krise« aufgrund des wild wuchernden Relativismus und Irrationalismus in der europäischen Kultur (eine Warnung, die die Positivisten ungefähr zur gleichen Zeit auch in Wien aussprachen).

Die Grenzen der Rationalität: Wittgenstein, Freud und Weber

1911 stand plötzlich ein hochintelligenter und wohlhabender junger Aristokrat aus einer alten Wiener Familie vor Russells Tür in Cambridge. *Ludwig Wittgenstein* (1889–1951) erwies sich schon bald als Genie, und es dauerte auch nicht lange, bis Russell zugeben mußte, daß er dem jungen Logiker alles beigebracht hatte, was er ihm beibringen konnte. Wittgenstein meisterte die neue Logik, übernahm die minimalistische und atomistische Weltansicht seines Lehrers und veränderte wenige Jahre später das Gesicht der Philosophie, allerdings nicht so, wie er es beabsichtigt hatte.

Wittgenstein schrieb sein Werk *Tractatus logico-philosophicus* als Soldat während des Ersten Weltkriegs. Als es seinem alten Lehrer Russell gelang, 1921 die Veröffentlichung (des deutschen Manuskripts) durchzusetzen, erlangte es sofort den Status eines philosophischen

Klassikers. Der *Tractatus* ist ähnlich wie einige Werke Nietzsches eine vielschichtige Sammlung von sorgfältig angeordneten und numerierten Aphorismen. Doch während sich Nietzsche immer wieder in Frage stellte, trat Wittgenstein darin bestimmt, ja sogar dogmatisch auf. Es war zuallererst ein Buch über die Logik – oder schien es zumindest zu sein –, ein Manifest des klassischen logischen Atomismus, im Sinne von Russells Bild von elementaren, minimalistischen Sätzen, die elementare, minimalistische Fakten »abbilden«. Das Werk beginnt mit dem Satz: »Die Welt ist alles, was der Fall ist.«[1] Ein großer Teil des restlichen Buches beantwortet die Frage, wie Sätze die Welt abbilden.

Doch die philosophisch interessantesten Teile des Buches beschäftigen sich mit dem, was der Verstand nicht leisten kann. Hier zeigt sich deutlich der Einfluß von Schopenhauer und Nietzsche und einigen Generationen deutscher Romantiker. Das, was der Verstand zu tun versucht, aber nicht schafft, ist die Erforschung seiner selbst. Das Selbst kann sich selbst keine Grenzen setzen, nicht einmal sich selbst beschreiben. (»Das Subjekt gehört nicht zur Welt, sondern es ist eine Grenze der Welt.«[2]) Es kann auch niemand sagen, was außerhalb dieser Grenzen liegt. Man kann das »Unsagbare« nicht sagen. Jenseits der Grenzen der wissenschaftlichen Rationalität liegen die Probleme und Fragen bezüglich der Werte, Gottes und der Religion. Das Ende des *Tractatus*

1 Ludwig Wittgenstein. Tractatus logico-philosophicus. Logisch-philosophische Abhandlung. Übers. von F. P. Ramsey. Frankfurt a. M. 1978, S. 11.

2 A.a.O. 5.6.32, S. 90.

weist in diese Richtung: »Wovon man nicht sprechen kann, darüber muß man schweigen.«[1] Dabei handelt es sich nicht um eine einfache Tautologie, sondern um profunden Mystizismus, der uns schweigend auf eine Unzahl von Erfahrungen jenseits der Grenzen der Philosophie und des Verstandes verweist.

Nachdem er in seinem kurzen Buch alles gesagt hatte, was er sagen wollte, wandte Wittgenstein sich von der Philosophie ab. Er unterrichtete in der Schule, baute seiner Schwester ein Haus, komponierte und verschwand aus Cambridge. Doch 1929 kehrte er zurück, überdachte noch einmal alles, was er getan hatte, und setzte sich nicht nur mit den neuen logischen Formen der Philosophie auseinander, sondern auch mit der Angst und dem Leid, das die Stoiker und seine eigenen Vorgänger Schopenhauer und Nietzsche beschäftigt hatte. Solche Themen wurden in den philosophischen Diskussionen, zu denen er in Cambridge und anderswo angeregt hatte, praktisch nicht angeschnitten. Deshalb kehrte er der akademischen Welt, kurz nachdem er eine Philosophieprofessur in Cambridge angenommen hatte (»die absurde Stellung eines Philosophieprofessors«[2]), wieder den Rücken, um seine neuen Zweifel und Gedanken schriftlich niederzulegen.

Nach dem *Tractatus* entwickelte sich Wittgensteins Philosophie langsam weiter. Er lehnte den logischen Atomismus ab und die Vorstellung, die Sprache bilde die Welt ab. Nun argumentierte er, die Bedeutung eines

1 A. a. O. 7, S. 115.
2 Zit. nach: Wilhelm Weischedel. Die philosophische Hintertreppe. München 1975, S. 294.

Satzes hänge vom Sprachgebrauch ab. Wir verwenden Sätze in Gesprächen – um etwas mitzuteilen, um etwas zu fragen, jemanden herauszufordern, Witze zu machen, um Butter zu bitten, um über Philosophie zu reden, Geschichten zu erzählen, zu argumentieren, zu versprechen oder zu verkünden. Folglich ist die grundlegende Einheit der Sprache nicht der einfachste Satz, sondern das größere *Sprachspiel*, eine »Lebensform«. Und so zahlreich und unterschiedlich wie die Lebensformen, so zahlreich und verschieden sind auch die jeweiligen Bedeutungen der Zeichen, je nach ihrem Gebrauch.

Während Wittgenstein in seinem *Tractatus* noch gesunden Respekt, ja so etwas wie Hochachtung vor der Philosophie bewies, drohten seine *Philosophischen Untersuchungen* (1945) die Philosophie in eine Art intellektuelle Malaise zu verwandeln, die sich glücklicherweise oder auch unglücklicherweise offenbar nur durch noch mehr Philosophie heilen ließ. So wurde die Philosophie zu einer Form der Therapie.

Auch *Kurt Gödel* (1906–1978) beschäftigte sich in seiner Suche nach einer allumfassenden formalen Theorie mit den Fallstricken und Leerstellen der Philosophie. Gödel formulierte seinen »Unvollständigkeitsbeweis« 1931. Darin zeigte er, daß es in jedem formalen System immer irgendeinen unbeweisbaren Satz geben wird. Die philosophischen Konsequenzen dieses Beweises sind noch immer Thema der Diskussion. Etliche führende Mathematiker und Philosophen gaben aufgrund dieses Beweises ihre Suche nach einer idealen formalen Sprache auf.

Sigmund Freud (1856–1939) wird normalerweise nicht zu den Philosophen gezählt, was ein Verlust für die Philosophie ist, denn schließlich schufen Freuds Erkenntnisse den Rahmen für die Beschäftigung des zwanzigsten Jahrhunderts mit dem Geist, mit der menschlichen Natur, der *condition humaine* und den Aussichten des Menschen auf Glück. Seine im Widerspruch zur Aufklärung stehenden Gedanken, daß wir oft nicht wissen und auch gar nicht wissen können, was in unserem eigenen Geist vorgeht – daß wir grundsätzlich irrationale und notwendigerweise unglückliche Wesen sind –, wurden für Generationen von Philosophen und Soziologen zur Prämisse oder zumindest zum Problem. Doch auch seine an der Aufklärung angelehnte Vorstellung vom Geist als letztlich materieller Einheit (nämlich dem Gehirn), die sich mit Hilfe der Neurologie und der Sprache der Physik analysieren läßt, beherrscht immer noch die Wissenschaft. Auch der Gedanke, daß sich alles erklären läßt – sogar unsere kleinen »Versprecher«, sogar das Vergessen und Träumen –, bildet nach wie vor die Grundlage für die Psychologie und Kritik des zwanzigsten Jahrhunderts, ganz zu schweigen von der Populärpsychologie.

Wie immer lassen sich Vorläufer solcher Gedanken finden. Das »Unbewußte« zum Beispiel war für Generationen deutscher Philosophen, unter ihnen auch Nietzsche, bereits Gesprächsthema. Doch Freud erweiterte die Diskussion um das Konzept der *Verdrängung*. Er war der Meinung, daß vieles von dem, was verdrängt wird, widernatürlich, aber dennoch psychisch aktiv ist. Er sorgte für Entrüstung bei den ordentlichen Bürgern der viktorianischen Zeit, indem er ihnen genau die Erklärung für das menschliche Verhalten lieferte, die sie am allerwenigsten hören wollten: daß das menschliche Verhalten seinem Wesen nach auf üblen, bisweilen mörderischen oder inzestuösen Motiven basiert. Schluß also mit der These der Aufklärung, daß der Mensch seinem Wesen nach gut ist. Freuds Meinung nach lauerte überall sexuelle Perversion (oder noch Schlimmeres), nur notdürftig verdrängt. Unglück ließ sich nicht vermeiden, und Kultur und Zivilisation selbst waren seine Ursache.

In Deutschland sollte der Soziologe *Max Weber* (1864–1920) das Werk Freuds und Wittgensteins auf eine Art ergänzen, die immer noch nicht ausreichend gewürdigt wird. Weber beschäftigte sich besonders intensiv mit dem Lieblingsthema der Philosophie, der *Rationalität.* Die Rationalität, argumentierte er, sei in der Bürokratie gefangen, die, wie ihr Nutzen anfänglich auch immer ausgesehen haben mochte, nun zu einem geistlosen Fluch geworden war.

Webers bekannteste These lautet, daß der Kapitalismus und folglich die gesamte Struktur der modernen westlichen Gesellschaft das Produkt des Protestantismus sei. In seinem Werk *Die protestantische Ethik und der Geist des Kapitalismus* argumentiert Weber, daß die strenge christliche Philosophie des Calvinismus mit ihrer zentralen These der Prädestination Millionen von Menschen zur Angst verdammt habe. So erachteten sie es als notwendig, ihren Wert in diesem Leben zu »beweisen«, indem sie emsig arbeiteten und asketisch lebten. Natürlich konnte kein Erfolg die Angst auslöschen, die dieser hektischen Betriebsamkeit zugrunde lag, obwohl sich mit ihrer Hilfe zumindest viel Geld verdienen ließ.

Der Fortschritt des Prozesses: Gegen die Analyse

Nach Vollendung der *Principia Mathematica* zusammen mit Russell ging Alfred North Whitehead nach Amerika. Er wandte sich auch von dem formalen Philosophiebegriff ab und begann, ähnlich wie Wittgenstein, Zweifel an der Richtung der gesamten westlichen Philosophie zu hegen. Der Zweck der Philosophie, sollte er später sagen, bestehe darin, den Mystizismus zu rationalisieren, die Unendlichkeit des Universums mit der Beschränktheit der Sprache auszudrücken und direkte Einblicke in die noch nicht ausgesprochenen Tiefen zu gewinnen. Dies entsprach weder der Ausdrucksweise noch den Ansichten des Philosophen und Mathematikers, der seinerzeit zusammen mit Russell die *Principia* verfaßt hatte. (Russell gestand später, daß er kein Wort von Whiteheads neuer Philosophie verstand.)

Laut Whiteheads neuer »Prozeßphilosophie« sind die meisten Vorbilder und Metaphern, die die Philosophen der westlichen Tradition bemühten, statische Metaphern für Ewigkeit und Zeitlosigkeit. Diese Metaphern wurden lediglich durch das Interesse an den logischen Grundlagen der Mathematik und die allgemeinere Faszination von zeitlosen Wahrheiten unterstützt, die bereits die frühesten griechischen Philosophen beschäftigt hatten. Die westliche Philosophie basiert auf Kategorien wie »Substanz«, »Wesen« und »Objekt«. Ihre Ideale sind Beständigkeit und logische Notwendigkeit. Es gibt jedoch auch eine alternative Metapher, eine Gegenströmung in der Geschichte der westlichen Philosophie. Dabei handelt es sich um die Metapher der Veränderung, des Fortschritts, des Prozesses. Sie findet sich bereits bei Heraklit und Aristoteles und dann wieder bei Hegel, Darwin und Nietzsche.

Den größten Einfluß hinsichtlich der Entwicklung dieser prozessualen Sicht der Realität hatte der französische Philosoph *Henri Bergson* (1859–1941). Bergsons Philosophie drehte sich um den Gedanken der *Dauer*, die Realität der Veränderung. Dabei ging es ihm nicht nur darum, daß sich die Eigenschaften der Dinge veränderten (blaue Dinge wurden rot, junge Dinge wurden alt), sondern vielmehr darum, daß das Leben an sich Veränderung ist. Konzepte, so Bergson, seien statisch und einseitig. Wenn wir versuchen, etwas zu analysieren, verzerren und entstellen wir es; wir sehen die eine Seite, aber keine andere; wir frieren das Ding in der Zeit ein und begreifen seine Veränderung nicht, sein *Leben*. Die Analyse muß notwendigerweise immer unbefriedigend bleiben, weil es zahllose Perspektiven und Momente gibt.

Bergson war, wenn auch indirekt, ein Gegner von Russells Atomismus und seiner Methode der Analyse. Doch anders als die anderen Gegner Russells modifizierte Bergson nicht einfach nur die Methode der Analyse. Er bestand vielmehr darauf, daß wir in der Philosophie die Analyse überhaupt ablehnen sollten. Die Metaphysik, so Bergson, sei jene Disziplin, die ohne Symbole auskomme. Der Metaphysiker befindet sich in der unangenehmen Lage, das Unausdrückbare ausdrücken zu müssen. Außerdem verwarf Bergson nicht nur die Vorstellung von den elementaren Fakten, den einfachen Dingen, den einfachen Sinneseindrücken, sondern überhaupt die Vorstellung von Fakten, Dingen und Sinneseindrücken in der Philosophie. Seine grundlegende Ontologie ist eine

Ontologie der Veränderung, nicht der Veränderung dieses Dings oder jener Eigenschaft, sondern der Veränderung als solcher, der Veränderung als Ganzes.

Whitehead behielt anders als Bergson seine Liebe zur Mathematik, seinen Platonismus im Hinblick auf die »ewigen Objekte« und sein Interesse an den Naturwissenschaften, besonders der neuen Physik, bei. Doch ihre Angriffe gegen die traditionelle Philosophie ähneln sich sehr. Die Kategorien der Philosophie, beklagte sich Whitehead, seien Überbleibsel aus der Naturwissenschaft des siebzehnten Jahrhunderts. Sie konzentrierten sich auf inaktive materielle Objekte, konzeptualisierten statische Momente ohne Dauer und verzerrten unsere Erfahrung. Sie seien der Zeit gegenüber gleichgültig. Wie Bergson forderte Whitehead, daß die Philosophie sich neue Kategorien wählen solle. Statt sich auf Objekte zu konzentrieren, solle sie ihr Augenmerk auf Ereignisse richten, die sie sich nicht als statische Momente (wie »Schnappschüsse«) vorzustellen habe, sondern eher als Momente in einem Prozeß der Realisierung. Whitehead konzentrierte sich nicht auf unbelebte Objekte, sondern auf die Vorstellung von einem Organismus, einem »Ereignis, das durch Muster entsteht«. Ein Organismus ist »dynamisch«, nicht statisch. Whitehead führte eine alte romantische Kategorie in die Philosophie des zwanzigsten Jahrhunderts ein, die *Kreativität*. Nicht nur der Philosoph sollte seiner Ansicht nach kreativ, »spekulativ«, einfallsreich sein, nein, auch die Natur selbst ist permanent kreativ, neu, einfallsreich. Folglich besteht die Aufgabe des Philosophen darin, eine poetische Sprache zu ersinnen, die in der Lage ist, die Realität als Prozeß zu beschreiben.

Das tragische Lebensgefühl: Unamuno, Croce und Heidegger

Die Philosophie zwischen den Kriegen wurde von einem neuen Pessimismus bestimmt. Die Schrecken des Ersten Weltkrieges hatten das ausgerottet, was von der Aufklärung in Europa noch übrig gewesen war. Die Regierungen befanden sich im Umbruch, besonders in Italien und Deutschland, aber auch in Spanien, das gerade einen der brutalsten Bürgerkriege unserer Zeit erlebte. *Miguel de Unamuno* (1864–1936) war Spaniens größter Philosoph und besonders stolz auf die Tatsache, daß seine Philosophie eindeutig spanisch war. Er schrieb gewandt über das »tragische Lebensgefühl«, über ein Leben voller Angst, Gewalt und Enttäuschung. Er gehörte zu jenen, die sich leidenschaftlich für Aufrichtigkeit und Integrität einsetzten und die Philosophenkollegen an ihr sokratisches Erbe erinnerten.

Benedetto Croce (1866–1952) war der größte italienische Philosoph seit Vico. Als Mussolini an die Macht kam, erwies Croce sich als mutiger und freimütiger Antifaschist. Seine Philosophie war politisch, manifestierte sich aber als Philosophie des Geistes. Sein philosophischer Mentor war Hegel. Croces Philosophie betonte – ähnlich wie die Hegels oder die seines Landsmannes Vico – die Entwicklung des menschlichen Bewußtseins. Doch die Geschichte sei nicht determiniert, sagte Croce. Sie beweise immer wieder Spontaneität und Unberechenbarkeit. Sie sei das Werk der Freiheit und freier Individuen, die die Strukturen in der Geschichte eher schufen als entdeckten. Wie Hegel kam Croce zu dem

Schluß, daß die Geschichte der Menschheit gleichbedeutend sei mit der Entstehung der Freiheit.

Martin Heidegger (1889–1976) war ein Schüler Husserls. Doch anders als sein Lehrer beschäftigte er sich nicht vorrangig mit einer philosophischen Methode oder mit Husserls Untersuchung der Mathematik und der »formalen Wissenschaften«. Heidegger studierte Theologie, bevor er Phänomenologe wurde. Deshalb waren seine Fragen existentieller Natur; es ging darin darum, wie man leben solle, besser gesagt, wie man »eigentlicher« leben solle, das heißt integer, in einer komplexen und verwirrenden Welt. Zu diesem Zweck machte er eine Reihe von provokanten, oft auch obskuren Vorschlägen, zuerst in *Sein und Zeit* (1927).

Bezugnehmend auf die Werke der frühesten griechischen Philosophen, die noch nicht von Metaphysik und Subjektivität kontaminiert waren, versuchte Heidegger den Weg zu einer wahrhaft holistischen Philosophie zu zeigen. Er lehnte den Dualismus von Körper und Geist ab, die Unterscheidung zwischen Subjekt und Objekt und die Vorstellungen von »Bewußtsein«, »Erfahrung« und »Geist«. *Dasein* ist die Bezeichnung für das Wesen, aus dessen Perspektive die Welt beschrieben wird. Dasein ist »In-der-Welt-sein«, ein »einheitliches Phänomen«[1]. Heideggers frühe Philosophie bestand hauptsächlich in seiner Suche nach Authentizität oder besser »Eigentlichkeit«, die uns wieder auf die ewigen Fragen nach dem Wesen des Selbst und den Sinn des Lebens zurückwarf.

1 Martin Heidegger. Sein und Zeit. §12ff. Tübingen 1977, S. 52ff.

Was ist das Selbst? Es ist zunächst einmal lediglich die Rollen, die andere Menschen einem zuweisen, als Sohn, Tochter, Schüler, schmollender Spielkamerad oder kluger Freund. Dieses Selbst ist das »*man*«[1], ein gesellschaftliches Konstrukt. Es ist nichts Authentisches daran, nichts, was nur zu einem selbst gehört. Das authentische Selbst jedoch entdeckt man in profunden Augenblicken einzigartiger Selbsterkenntnis, im eigentlichen »Sein zum Tode«[2]. Es genügt nicht, sich einzugestehen, daß »wir alle sterben« müssen. Das ist laut Heidegger lediglich eine objektive Wahrheit und noch nicht authentisch. Der jeweils eigene Tod ist von Bedeutung, und aus der Eigentlichkeit wird die Konfrontation mit der eigenen Sterblichkeit. Ein ähnlicher Gedanke begegnete uns schon bei Unamuno, der sich mit dem »tragischen Lebensgefühl« auseinandersetzte.

Heideggers Philosophie gehört zu den einflußreichsten dieses Jahrhunderts. Doch Heideggers Leben gestaltete sich alles andere als vorbildhaft. Denn während Unamuno und Croce die Faschisten anprangerten und das Leben aufs Spiel setzten, trat Heidegger 1933 der Nationalsozialistischen Partei bei. (Allerdings trat er ein Jahr später wieder aus.) Sein kurzes Zwischenspiel bei den Nazis führt zwangsläufig zu der Frage, ob seine Philosophie seine politischen Überzeugungen und seinen Charakter ausdrückte.

1 A.a.O. §27, S. 126ff.
2 A.a.O. §53ff., S. 260ff.

Reaktionen auf den Faschismus: Positivismus und Existentialismus

Der Zweite Weltkrieg begann 1939, und im selben Jahr forcierten die Nazis auch ihre verheerende Politik der Verfolgung und Ausrottung von Juden, Zigeunern, Homosexuellen und anderen Minderheiten. Der Aufstieg der Nazis, der Krieg und die Schrecken der Konzentrationslager trugen bei zur Entstehung von zwei radikalen philosophischen Bewegungen, von denen die eine die Irrationalität in allen ihren Formen frontal attackierte und die andere die Irrationalität als eine menschliche Eigenschaft anerkannte, sie aber mit ihrer Verantwortung konfrontierte. Erstere, bekannt unter der Bezeichnung *logischer Positivismus*, basierte lose auf der frühen Philosophie von Wittgenstein und berief sich auf Hume und die englischen Empiristen. Sie brüstete sich damit, nüchtern und wissenschaftlich vorzugehen. Die andere, der sogenannte *Existentialismus*, ging zurück auf Kierkegaard und Nietzsche und verwendete Husserls Phänomenologie als Methode. So unterschiedlich diese philosophischen Bewegungen waren – sie propagierten beide die unsentimentale Aufrichtigkeit.

Die logischen Positivisten, die auf wissenschaftlicher und logischer Disziplin bestanden und die sorglose Schwülstigkeit der deutschen Romantik für die Schrecken des Nationalsozialismus mitverantwortlich machten, schoben die Frage nach universellen Werten beiseite. Wie Wittgenstein am Ende seines *Tractatus* schienen sie davon auszugehen, daß sich über solche Dinge nichts Verständliches sagen läßt. Bertrand Russell hatte argumentiert, daß die Ethik einfach subjektiv sei, eher eine Sache der Gefühle als der Logik und Rationalität, und die Positivisten pflichteten ihm bei. Doch dadurch wurde der Status der Ethik zweifelhaft. Die logischen Positivisten kämpften darum, die Aufklärung am Leben zu erhalten, bewirkten aber die faktische Verbannung der Ethik aus der Philosophie.

Viele der frühen Positivisten waren nicht nur Philosophen, sondern auch Physiker und Mathematiker. Ihre Neigung galt eindeutig den Naturwissenschaften, und ihre Methode fußte auf einer deutlichen Unterscheidung zwischen Fakten und Werten. Das Hauptziel der Positivisten lag darin, die sinnvollen Hypothesen, die die Wissenschaft in Betracht ziehen konnte und sollte, von jenen zu trennen, die sinnlos waren, Zeitverschwendung, eine Quelle unlösbarer Konflikte. Sie fanden das geeignete Werkzeug in der Vorstellung von der *Verifizierbarkeit*. Eine Hypothese – das betraf schon bald jeden Satz – war nur insofern sinnvoll, als sie sich durch Evidenz verifizieren ließ. Es gebe mehr als genug Unsinn auf der Welt, argumentierten die Positivisten, und es sei Aufgabe der Philosophen, nach Kräften dafür zu sorgen, daß nicht noch mehr entstehe.

Seltsamerweise schienen die Existentialisten, die vielleicht moralistischsten oder doch zumindest moralisierendsten Philosophen des zwanzigsten Jahrhunderts, der Frage nach der Ethik ganz aus dem Weg gehen zu wollen. Heidegger betonte immer wieder, daß er keine Ethik böte, und sprach voller Verachtung von jenen, die »im falschen Meer der Werte fischen«. Seine eigenen politischen Entscheidungen scheinen die moralische Indifferenz seiner Gedanken zu bestätigen. Sogar *Jean-*

Paul Sartre (1905–1980), ein Moralist *par excellence*, folgte Heideggers Argumentation insofern, als er behauptete, sein Existentialismus sei an sich keine Ethik. Doch das, was die Existentialisten verwarfen, war letztlich eine dünne, »bourgeoise« Vorstellung von Moral, eine Ethik, der es lediglich darum geht, daß der Mensch seine Versprechen hält, seine Schulden bezahlt und Skandalen aus dem Weg geht. Die Losung der existentialistischen Philosophie, die »Freiheit«, war ein Aufruf zur Integrität, zur Verantwortung und in Kriegszeiten ein Aufruf zum Heroismus.

Der Existentialismus war eine philosophische Bewegung, der Kierkegaard, vielleicht auch Nietzsche, Unamuno und Heidegger angehörten. Man könnte noch Dostojewskij und Franz Kafka hinzuzählen. Auf jeden Fall gehörte der französische Schriftsteller *Albert Camus* (1913–1960) dazu. Manche begeisterten Anhänger haben diese philosophische Strömung bis zu Sokrates zurückverfolgt, doch der Ausdruck »Existentialismus« als solcher stammt von Sartre. Kierkegaards Werk hatte großen Einfluß auf eine Gruppe wichtiger religiöser Existentialisten (unter ihnen Paul Tillich, Martin Buber, Karl Barth und Gabriel Marcel), aber viele Existentialisten waren auch Atheisten, so zum Beispiel Nietzsche, Sartre und Camus, die den religiösen Glauben als eine Form des »philosophischen Selbstmords« bezeichneten.

Man ginge nicht fehl, wenn man sagte, der Existentialismus repräsentiere eine Einstellung, die sich besonders für die moderne (ja sogar die »postmoderne«) Massengesellschaft eigne. Generalisieren wir einen Augenblick und behaupten wir, daß die Existentialisten sich alle mit dem einzelnen und der persönlichen Verantwortung befaßten. Sie neigten zu Argwohn oder sogar Feindseligkeit gegenüber dem Aufgehen des einzelnen in größeren Gruppen oder Massen. So griffen Kierkegaard und Nietzsche beide die sogenannte »Herde« an, und Heidegger unterschied die »eigentliche« Existenz von der rein gesellschaftlichen, dem »man«. Besonders Sartre betonte die Bedeutung der freien Entscheidung des einzelnen gegenüber der Macht anderer, unsere Wünsche, Überzeugungen und Entscheidungen zu beeinflussen. Hierin folgte er Kierkegaard, für den leidenschaftliche, persönliche Wahlfreiheit und Engagement wesentlich für eine wahre »Existenz« waren.

Gegen Heideggers Kritik des cartesischen Bewußtseins argumentierte Sartre, das Bewußtsein sei so beschaffen, daß es immer die Freiheit zu wählen (wenn auch nicht die Freiheit, nicht zu wählen) besitzt und frei ist, die Gegebenheiten der Welt zu »negieren«[1] (das heißt abzulehnen). Vielleicht wird man als Jude oder Schwarzer, als Mann oder Frau geboren, doch es ist nicht entschieden, was man aus sich selbst macht, ob diese nicht selbstgewählten Fakten sich zu Nachteilen oder Vorteilen entwickeln, zu Herausforderungen, denen man sich stellen muß, oder zu Ausreden fürs Nichtstun. Vielleicht ist man feige oder schüchtern, doch dieses Verhalten ist immer gewählt, und man kann immer beschließen, sich zu ändern. Sartres Philosophie zeitigte

1 Jean-Paul Sartre. Das Sein und das Nichts. Versuch einer phänomenologischen Ontologie. 4.2. Übers. von Justus Streller. Hamburg 1952, S. 610ff.

besondere Wirkung angesichts der Schrecken des Krieges und der Besetzung Frankreichs durch die Nazis.

Camus war Schriftsteller und Essayist, nicht so sehr Formalphilosoph, doch er fing das »Lebensgefühl« des Jahrhunderts mit seiner Vorstellung vom »Absurden« ein. Das Absurde ist das metaphysische Gefühl der Konfrontation unserer Forderung nach Rationalität und Gerechtigkeit einerseits und einem »gleichgültigen Universum« andererseits. In *Der Mythos von Sisyphos* verglich Camus die altgriechische Figur des Sisyphos, der dazu verdammt war, in alle Ewigkeit einen Felsen einen Berg hinaufzurollen, mit dem Schicksal aller Menschen. Wir verwenden unsere ganze Energie darauf, uns gegen Sinnlosigkeit und Frustration aufzulehnen. Folglich war für Camus die primäre Frage der Philosophie die, ob es sich überhaupt lohne, das Leben zu leben, oder, anders ausgedrückt, ob wir Selbstmord begehen sollten. Die Antwort auf die erste Frage lautet eindeutig ja, die auf die zweite ebenso eindeutig, allerdings aus moralischen Gründen, nein. Camus' Sisyphos stürzte sich in seine sinnlose Aufgabe und verlieh ihr so einen Sinn. »Wir müssen uns Sisyphos als einen glücklichen Menschen vorstellen«[1], meinte Camus. Das gleiche gilt für uns, wenn wir uns wie Sisyphos in unser Leben stürzen und, das fügt Camus hinzu, anderen helfen.

Gabriel Marcel (1889–1973) beschrieb auf ganz ähnliche Weise das, was er »eine zerbrochene Welt« nannte, eine Welt der Leere, in der die Philosophie sich auf reine

1 Albert Camus. Der Mythos von Sisyphos. Ein Versuch über das Absurde. Übers. von H. G. Brenner und W. Rasch. Hamburg 1978, S. 101.

»Probleme« reduziert hatte und die Rätsel des menschlichen Lebens systematisch verleugnet oder ignoriert wurden. Doch Marcel war, anders als Camus, ein Mann Gottes, und wie Kierkegaard forderte er, daß wir uns den tiefgreifendsten Erfahrungen des Lebens ohne die falsche Fassade der Objektivität stellen, daß heißt, ohne jene Erfahrungen als Probleme von uns wegzuschieben, die es zu lösen gilt. Es gibt keine Problemlösung für Leben, Liebe oder Tod. Sie sind die Rätsel, die dem menschlichen Leben erst Sinn verleihen.

Einer der gängigsten Irrtümer hinsichtlich des Existentialismus besteht darin, seine Betonung von »Sinn« und »Sinnlosigkeit« mit einer Befürwortung der Verzweiflung oder existentiellen *Angst* zu verwechseln. Sogar Camus war der Meinung, daß das Absurde kein Freibrief für Verzweiflung ist, und Nietzsche war ein Verfechter der »Fröhlichkeit«. Kierkegaard schrieb von »froher Kunde«, und sowohl für Heidegger als auch für Sartre war die Angst als Symptom der Freiheit und des Selbstbewußtseins, nicht als Grund zur Verzweiflung, wesentlich für die menschliche Befindlichkeit.

Simone de Beauvoir (1908–1986) war Philosophin und Schriftstellerin und betonte wie Sartre die Freiheit und die Verantwortung für das, was man ist und was man aus dem macht, was aus einem gemacht wird. Sie formulierte die ethischen Implikationen von Sartres Existentialismus, wie er selbst es nicht getan hatte. Simone de Beauvoir war immer fasziniert von der Blindheit oder Ablehnung ihrer Zeitgenossen gegenüber heiklen Themen, und sie war entsetzt darüber, daß ihre Gesellschaft wie praktisch alle anderen Gesellschaften den Problemen und Ungerechtigkeiten, mit denen der weibliche

Teil der Menschheit sich auseinandersetzen mußte, nur wenig Aufmerksamkeit schenkte. Folglich wandte sie ihre existentialistischen Theorien auf die besonderen »existentiellen« Umstände des Frauseins an, und zwar in *Das andere Geschlecht* (1949), das sich als eines der bedeutendsten Bücher dieses Jahrhunderts erweisen sollte.

Die Philosophie entdeckt »das andere«: Die Frage der Postmoderne

Simone de Beauvoir stellte eine wichtige Frage: Wo stecken eigentlich die ganzen Frauen? Die westliche Philosophie beschäftigt sich traditionell nur am Rande, wenn überhaupt, mit ihnen. Manche Feministinnen behaupten, die Philosophie basiere auf einem »maskulinen« Stil des Disputs und der Konfrontation, der sich von Sokrates herleite. Jedenfalls ist die Philosophie seit jeher eine Zuflucht, ein Luxus, in dessen Genuß die kamen, die (aus welchen Gründen auch immer) keine erschöpfende körperliche Arbeit leisten, sich nicht ihren Lebensunterhalt selbst verdienen oder sich nicht um den Haushalt kümmern mußten. So überrascht es nicht, daß die meisten von uns diskutierten Ideen von Männern stammten und daß viele der größten Philosophen Junggesellen und/oder Geistliche waren. Erstaunlich wenige von ihnen äußerten sich über die Familie; und die zwischenmenschlichen Beziehungen spielen im allgemeinen eine eher bescheidene Rolle in der Geschichte der westlichen Philosophie.

Doch um sich in der Philosophie einen Namen zu machen, braucht man nicht nur Begabung, sondern auch Zeit, Lehrer, Kollegen, Zuhörer, Verleger, Leser und Studenten. Es ist traurig, aber wahr, daß die Frauen von fast allen Ebenen des philosophischen Erfolgs ausgeschlossen sind. Nur wenige Frauen hatten überhaupt die Möglichkeit, sich für Philosophie zu interessieren. Vor unserem Jahrhundert wurden kaum Frauen in die richtigen Schulen aufgenommen, und denjenigen, die Philosophie studieren durften (zum Beispiel einige Schülerinnen von Platon und Pythagoras), wurde im Regelfalle nicht erlaubt, sich zu profilieren. Wenn es einer Frau gelang, eigene Gedanken zu verbreiten und eine Anhängerschaft um sich zu scharen, wurde sie deshalb noch lange nicht in den Kreis der Denker aufgenommen und konnte meistens auch nichts publizieren, so daß sie unbekannt blieb. Und wenn sie etwas veröffentlichte, setzten sich ihre Bücher nicht durch. Der Mangel an Frauen in der Philosophie hat mit Sicherheit nichts mit einem Mangel an Begabung zu tun. Doch keine Philosophin hat je wie Sokrates einen Platon gefunden, der ihre Gedanken für die Nachwelt bewahrte.

Die feministische Philosophie fordert die gesamte westliche Tradition (und nicht nur die) heraus. Obwohl die Philosophie im allgemeinen behauptet, universell und allumfassend zu sein, berücksichtigt sie nicht einmal die Frau nebenan. Sie fragt nicht, ob diese Frau nebenan die Dinge anders sieht oder ob sie dieselben Fragen wie die männlichen Philosophen stellen würde und auf dieselbe Weise. Folglich ist eine der radikalsten Veränderungen in der zeitgenössischen Philosophie, die der Feminismus provoziert hat, die zentrale Bedeutung des persönlichen »Standpunkts« – das, was Nietzsche die »Perspektive« nannte. Unterschiedliche Menschen in unterschiedlicher Position sehen die Welt unter Umständen unterschiedlich. So könnte eine Pluralität der Perspektiven die konkurrierenden Forderungen nach einer singulären »Objektivität« ersetzen.

Ähnliche Vorwürfe muß sich die Philosophie auch wegen ihrer Vernachlässigung des Rests der Welt gefallen lassen. Erst vor kurzem haben amerikanische und europäische Philosophen begonnen, die alten philosophischen Traditionen Asiens ernstzunehmen, und vor noch kürzerer Zeit ist überhaupt erst ein Interesse an der sogenannten »Dritten Welt« aufgeflackert, obwohl die kulturellen Gruppen sich vermischen, aufeinander einwirken und sich auseinandersetzen wie nie zuvor. In dem Maße, wie die Welt kleiner wird, wächst auch die Beschäftigung damit, wie kulturelle Gruppen zusammenleben können und sollen. Die Philosophie sollte ein wichtiger Vermittler in diesem Prozeß sein.

Als erfolgreichste Philosophie für diesen Zweck hat sich, zumindest bis vor kurzem, der Marxismus erwiesen. Unmittelbar nach dem Zweiten Weltkrieg stürzte *Mao Tse-tung* (1893–1967) die traditionelle Regierung Chinas durch eine »Bauernrevolte«, die die Unterdrückten auf der ganzen Welt aufhorchen ließ. Der Marxismus wurde bewußt mit lokalen Traditionen und Konzepten vermischt. Man könnte argumentieren, daß der Marxismus sich einfach den Konfuzianismus mit seiner Betonung der obersten Autorität von Individuum und Familie einverleibte, die nun auf den Patriarchen Mao übertragen wurde. Wie die meisten revolutionären Regierungen übernahm auch Maos neues China viele der schlimmsten

Unterdrückungsmechanismen seiner Vorgänger, doch das Faszinierende an dieser Revolution ist für die Armen und Unterdrückten der Welt nach wie vor ungebrochen. Im krassen Widerspruch zu Maos gewalttätiger Revolution stand *Mahatma Gandhis* (1869–1948) »gewaltloser Widerstand« gegen die britische Kolonialmacht in Indien. In dem Maße, wie Asien Bedeutung und Wirtschaftsmacht in der modernen Welt erlangt und Afrika und Lateinamerika sich auf ihr Erbe besinnen, muß auch die moderne Philosophie sich von diesen beiden Vorbildern, der Philosophie der Revolution und der Philosophie des gewaltlosen Widerstands, beeinflussen lassen.

Die Philosophie wurde im Westen noch bis vor kurzem als ganz und gar westliche Tradition behandelt. Doch wir wollen betonen, daß sie praktisch überall entstand. Es gibt keine einzelne philosophische Perspektive, keine einzelne »korrekte« philosophische Methode, keine einzelne und »wahre« Philosophie. Die Strömung in der modernen Philosophie, die mit der neuen Naturwissenschaft und Descartes begann, ist nur eine von vielen.

Es überrascht nicht, daß diese Ablehnung der traditionellen »modernen« Philosophie selbst zu einer Philosophie geworden ist. Die *Postmoderne* ist eine kunterbunte »Bewegung«, die davon ausgeht, daß die übermäßig autoritäre, uneinsichtige westliche Philosophie das Ende ihrer Tage gesehen hat. Feminismus und Multikulturalismus, so die Vertreter der Postmoderne, weisen deutlich darauf hin. Die Philosophie als Suche nach einer einzigen Wahrheit existiert nicht mehr. Es gibt nur noch verschiedene Philosophien. Es gibt auch keine einzelne Wahrheit mehr, sondern nur noch »Diskurse« – Menschen, die reden, denken, schreiben, Radio- und Fernsehsendungen machen. Es gibt kein Zentrum, keinen *mainstream* der Philosophie mehr, nur noch sich schnell ausbreitende Randbereiche und unzählige Strömungen. Die Postmoderne markiert, wenn man ihren Anhängern Glauben schenken darf, das Ende der westlichen philosophischen Tradition.

Trotzdem möchten wir uns zum Abschluß noch einem Phänomen zuwenden, das manchmal als *New-Age*-Philosophie bezeichnet wird, einer erstaunlichen Mischung unterschiedlicher Ideen von gesundem ökologischem Denken bis zu extrem verqueren Theorien. Der offensichtliche Hunger nach Philosophie, den das Phänomen des »New Age« beweist, führt trotz der Schwarzseherei der Postmodernen und der Ausgelaugtheit, die einen so großen Teil der akademischen Philosophie kennzeichnet, zu einer positiven Prognose für die Philosophie. Was bleibt, ist das Bedürfnis nach Philosophie, verbunden mit einem neuen globalen Bewußtsein. Als Philosophen sind wir zwangsläufig fasziniert von der verwirrenden Vielfalt von Ideen, die sich vor uns auftut, von der Dynamik aktueller Auseinandersetzungen. Doch gleichzeitig sind wir auch betrübt darüber, daß das alte Ideal der Philosophie, der es eher um verläßliches Wissen ging als um besondere berufliche Fähigkeiten oder bloße Gedankenspiele, verlorengegangen ist.

Die Philosophie hat immer schon das repräsentiert, was am menschlichsten ist. Vielleicht brauchen wir nicht noch mehr Subtilität und Kultiviertheit, sondern einfach nur mehr Offenheit. Vielleicht müssen wir nicht noch schlauer werden, sondern einfach nur besser zuhören. Schließlich ist die Philosophie Aufgeschlossenheit für die Welt, Leidenschaft für das Wissen.

Literaturhinweise

Klassische Texte, die im Regelfall in unterschiedlichen Ausgaben erhältlich sind, tauchen in diesen Hinweisen nicht auf. Die aufgeführten Werke dienen der Einführung in die Geschichte der Philosophie. Die Hinweise der Autoren wurden durch einige deutsche Titel ergänzt.

Allgemeine Einführungen

Arendt, Hannah. *Vom Leben des Geistes*. München: Piper, 1998.

Copelston, Frederick. *The History of Philosophy*. 9 Bde., überarb. Version. Westminster, Maryland: The Newman Press, 1946–1974.

Durant, Will und Ariel. *The Story of Philosophy*. 9. Bde. New York: Simon and Schuster, 1935f.

Flew, Anthony. *An Introduction to Western Philosophy*. London: Thames & Hudson, 1971.

Helferich, Christoph. *Geschichte der Philosophie*. München: dtv, 1998.

Hersch, Jeanne. *Das philosophische Staunen*. München: Piper, 1995.

Jaspers, Karl. *Die großen Philosophen*. München: Piper, 1997.

Jones, W. T. *A History of Western Philosophy*. 4 Bde. New York: Harcourt, Brace & World, 1969.

Parkinson, G. H .R. und S. G. Shanker, Hrsg. *The Routledge History of Philosophy*. 10 Bde. London: Routledge, 1993f.

Russell, Bertrand. *Philosophie des Abendlandes*. Hamburg: Europa, 1997.

Skirbekk, Gunnar und Gilje, Nils. *Geschichte der Philosophie*. Frankfurt a. M.: Suhrkamp, 1993.

Smart, Ninian. *The Long Search*. Boston: Little, Brown, and Company, 1977.

Smith, Huston. *Eine Wahrheit, viele Wege*. Freiburg: Bauer, 1994.
Solomon, Robert C. *Introducing Philosophy*. 6. Aufl. Fort Worth: Harcourt, Brace, 1997.
Solomon, Robert C. und Kathleen M. Higgins. *From Africa to Zen: An Invitation to World Philosophy*. Lanham, Md.: Rowman and Littlefield, 1992.
Solomon, Robert C. und Kathleen M. Higgins. *A Short History of Philosophy*. Oxford: Oxford University Press, 1996.
Spierling, Volker. *Kleine Geschichte der Philosophie*. München: 1999.
Tarnas, Richard. *The Passion of the Western Mind*. New York: Harmony, 1991.
Weischedel, Wilhelm. *Die philosophische Hintertreppe*. München: dtv, 1992.
Whitehead, Alfred North. *Wissenschaft und moderne Welt*. Frankfurt a. M.: 1988.
Whitehead, Alfred North. *Prozeß und Realität*. Frankfurt a. M.: 1995.
Whitehead, Alfred North. *Wie entsteht Religion?* Frankfurt a. M.: 1996.

Bücher über bestimmte Themen

Abraham. W. E. *The Mind of Africa*. Chicago: University of Chicago Press, 1962.
Allinson, Robert E., Hrsg. *Understanding the Chinese Mind*. Hongkong: Oxford University Press, 1989.
Ames, Roger T. und David L. Hall. *Thinking through Confucius*. Albany, N. Y.: State University of New York Press, 1987.
Appiah, Kwame Anthony. *In My Father's House: Africa in the Philosophy of Culture*. New York: Oxford University Press, 1992.
Barnes, Hazel. *Sartre*. Philadelphia: Lippincott, 1973.
Barnes, Jonathan. *Aristoteles*. Stuttgart: Reclam UB Nr. 8773.
Beck, Lewis White, Hrsg. *Eighteenth-Century Philosophy*. New York: The Free Press, 1966.
Benedict, Ruth. *Chrysantheme und Schwert*. Frankfurt a. M.: 1998.

Brown, Joseph E. *The Spiritual Legacy of the American Indian*. New York: Crossroad, 1984.
Burnet, J. *Early Greek Philosophy*. 4. Aufl. London: Black, 1930.
Cassirer, Ernst. *Individuum und Kosmos in der Philosophie der Renaissance*. Darmstadt: 1994.
Chadwick, Henry. *Die Kirche in der antiken Welt*. Berlin: 1972.
Clendinnen, Inga. *Aztecs*. Cambridge: Cambridge University Press, 1991.
Cornford, Francis M. *Before and After Socrates*. Cambridge: Cambridge University Press, 1932.
Crawford, William Rex. *A Century of Latin American Thought*. Cambridge, Mass.: Harvard University Press, 1944.
Crow Dog, Mary. *Lakota Woman*. München: dtv, 1998.
Dodds, Eric Robertson. *Die Griechen und das Irrationale*. Darmstadt: 1991.
Farrington, Benjamin. *Greek Science*. New York: Penguin, 1944.
Fogelin, Robert. *Wittgenstein*. London: Routledge, 1983.
Fung, Yu-Lan. *A Short History of Chinese Philosophy*. Hrsg. Derk Bodde. New York: Macmillan, 1948.
Glanville, Stephen. *The Legacy of Egypt*. Oxford: Clarendon, 1947.
Guignon, Charles, Hrsg. *The Cambridge Companion to Heidegger*. Cambridge: Cambridge University Press, 1993.
Guthrie, W. K. C. *Greek Philosophy*. London: Methuen, 1950.
Gyekye, Kwame. *An Essay on African Philosophical Thought*. New York: Cambridge University Press, 1987.
Hourani, Albert. *Die Geschichte der arabischen Völker*. Frankfurt a. M.: 1996.
Jacobson, Dan. *The Story of the Stories: The Chosen People and Its God*. New York: Harper and Row, 1982.
Janik, A. und S. Toulmin. *Wittgensteins Wien*. Wien: Döcker, 1998.
Jaspers, Karl. *Von der Wahrheit*. München: Piper, 1991.
Katz, Steven T. *Jewish Philosophers*. New York: Bloch, 1975.
Kenny, Anthony. *Descartes: A Study of His Philosophy*. New York: Random House, 1968.
Kirk. G. S. und Raven, J. E. *Die Vorsokratischen Philosophen*. Stuttgart: Metzler, 1994.

Knowles, David. *The Evolution of Medieval Thought*. London: Longman, 1962.

Lloyd, Genevieve. *The Man of Reason. »Male« and »Female« in Western Philosophy*. Minneapolis: University of Minnesota Press, 1984.

Mackey, Louis. *Kierkegaard: A Kind of Poet*. Philadelphia: University of Pennsylvania Press, 1971.

Magnus, Bernd und Kathleen M. Higgins. *The Cambridge Companion to Nietzsche*. Cambridge: Cambridge University Press, 1996.

Malandra, William W., Übers. und Hrsg. *An Introduction to Ancient Iranian Religion*. Minneapolis: University of Minnesota Press, 1983.

McVeigh, Malcolm. *God in Africa: Conceptions of God in African Traditional Religion and Christianity*. Cape Cod, Mass.: C. Stark, 1974.

Miller, James. *Rousseau and Democracy*. New Haven: Yale University Press, 1984.

Myers, Gerald. *William James*. New Haven: Yale University Press, 1986.

Nicholson, Linda J., Hrsg. *Feminism/Postmodernism*. New York: Routledge, 1990.

O'Flaherty, Wendy Doniger, Hrsg. und Übers. *Hindu Myths. A Sourcebook Translated from the Sanskrit*. Baltimore: Penguin, 1975.

Overholt, Thomas W. und J. Baird Calicott. *Clothed-in-Fur and Other Tales: An Introduction to an Ojibwa World View*. Washington, D. C.: University Press of America, 1982.

Phillips, Anthony. *God, B. C.* Oxford: Oxford University Press, 1977.

Phillips, Stephen H. *Aurobindo's Philosophy of Brahman*. Leiden: Brill, 1986.

Schacht, Richard. *Nietzsche*. London: Routledge, 1983.

Skorupski, John. *English-Language Philosophy 1750–1945*. Oxford: Oxford University Press, 1992.

Sluga, Hans. *Heidegger's Crisis*. Cambridge, Mass.: Harvard University Press, 1993.

Solomon, Robert C. *From Rationalism to Existentialism: The*

Existentialists and Their Nineteenth-Century Background. New York: Harper & Row, 1972.

Solomon, Robert C. *In the Spirit of Hegel.* New York: Oxford University Press, 1983.

Solomon, Robert C. *Continental Philosophy since 1750: The Rise and Fall of the Self.* Oxford: Oxford University Press, 1988.

Spiegelberg, H. *The Phenomenological Movement.* Den Haag: Nijhoff, 1962.

Stone, Isidor F. *The Trial of Socrates.* Boston: Little, Brown and Company, 1988.

Tanner, Michael. *Nietzsche.* Oxford: Oxford University Press, 1995.

Taylor, Alfred E. *Socrates.* Garden City, N. Y.: Doubleday, 1953.

Taylor, Alfred E. *Aristotle.* Mineola, N. Y.: Dover, 1955.

Taylor, Mark. *Journey to Selfhood: Hegel and Kierkegaard.* Berkeley: University of California Press, 1980.

Toulmin, Stephen. *Kosmopolis.* Frankfurt am Main: Suhrkamp, 1994.

Underhill, Ruth M. *Red Man's Religion: Beliefs and Practices of the Indians North of Mexico.* Chicago: University of Chicago Press, 1965.

Vignaux, Paul. *Philosophy in the Middle Ages: An Introduction.* Übers. von E. C. Hall. New York: Meridian, 1959.

Walsh, Michael. *Roots of Christianity.* London: Grafton, 1986.

Whale, J. S. *The Protestant Tradition: An Essay in Interpretation.* Cambridge: Cambridge University Press, 1955.

White, M. *The Philosophy of the American Revolution.* New York: Oxford University Press, 1978.

Wing-Tsit Chan, Hrsg. *A Source Book in Chinese Philosophy.* Princeton, N. J.: Princeton University Press, 1963.

Woolhouse, R. S. *The Empiricists.* New York: Oxford University Press, 1988.

Zea, Leopoldo. *The Latin American Mind.* Übers. von J. H. Abbot und L. Dunham. Norman, Ok.: University of Oklahoma, 1963.

Personenregister

PIPER

Andrew Newberg, Eugene D'Aquili, Vince Rause

Der gedachte Gott

Wie Glaube im Gehirn entsteht. Aus dem Amerikanischen von Harald Stadler. ca. 272 Seiten. Gebunden

Kann Religion, ein Thema das die Geisteswissenschaftler seit jeher beschäftigt, rein naturwissenschaftlich erklärt werden? Kann man Gott durch Strommessungen am Gehirn nachweisen? Diesen heiklen Fragen widmen sich die Gehirnforscher Newberg und D'Aquili: Sie erbringen eine wissenschaftliche Erklärung für unsere spirituellen Erfahrungen und Sehnsüchte. Der religiöse Impuls sei, so die beiden Wissenschaftler, dem Gehirn »eingeschrieben«. Die dafür zuständige Hirnregion setzt, wenn wir beten oder meditieren, die Aktivität für unsere motorischen Bewegungen herunter, die Informationen an Muskeln und Gelenke wird nicht mehr weitergeleitet. Dabei empfinden wir uns nur noch als Geist, nicht mehr als Körper. In diesem Zustand seien wir dem Göttlichen nahe, so die Erkenntnisse der Forscher. Verständlich und präzise stellen die drei Autoren den neuesten aufregendsten Aspekt der Hirnforschung dar und liefern einen wichtigen Beitrag zu einer der ältesten Fragen der Menschheit: Warum gibt es Religion?

PIPER

Paul Watzlawick

Anleitung zum Unglücklichsein

132 Seiten. Serie Piper

»Ich habe das Buch in wenigen Stunden gelesen und gleich an die nächsten Freunde weitergeleitet. Schon der Grundgedanke ist faszinierend. Nicht – wie so viele Autoren, die in den letzten Jahren den Markt mit Glücksanleitungen überschwemmt haben – wohlfeile Gebrauchsanweisungen zu liefern, sondern uns den Spiegel vorzuhalten und zu zeigen, was wir alltäglich alles selbst gegen unser mögliches Glück tun.«
Walter Kindermann

»Eine amüsante Lektüre für Leute wie mich, die dazu neigen, sich das Leben schwer zu machen – ohne zu wissen, wie sie das eigentlich anstellen. Ein Lesevergnügen mit paradoxem Effekt. Das Nichtbefolgen der ›Anleitung zum Unglücklichsein‹ ist die Voraussetzung dafür, glücklich sein zu können.«
Brigitte

01/1220/01/L

PIPER

Karl R. Popper

Alle Menschen sind Philosophen

281 Seiten. Gebunden

Der aus Wien stammende Philosoph Karl Raimund Popper (1902 – 1994) war einer der einflußreichsten Denker des 20. Jahrhunderts. Er hat vor allem die Wissenschaftstheorie, die Diskussion um das Leib-Seele-Problem, das politische Denken im allgemeinen und das Nachdenken über die Demokratie im besonderen maßgeblich beeinflußt. Poppers Bücher sind weltweit zu Klassikern geworden. Im vorliegenden Band sind Texte zusammengestellt worden, die aus seinen im Piper Verlag erschienenen Büchern entnommen wurden. Sie machen neugierig auf Karl Popper, führen in sein Denken ein und zeigen besonders deutlich, wie klar er schwierige Fragen analysieren und wie verständlich er schreiben konnte. Poppers Texte helfen den Lesern, die Welt besser zu verstehen. Ob er sich zur Philosophie allgemein, zum Bewußtsein und zum menschlichen Selbstbewußtsein, zu Fragen und Grenzen der Erkenntnis, zu den Ursprüngen des Wissens oder zur Demokratie und zum Frieden äußert – immer beeindruckt Karl Popper durch die Klarheit seines Denkens und seiner Sprache sowie durch seine sokratische Bescheidenheit.

01/1098/01/L

PIPER

Karl R. Popper

Alles Leben ist Problemlösen

Über Erkenntnis, Geschichte und Politik. 336 Seiten.
Serie Piper

Karl Raimund Popper (1902 – 1994) zählte zu den schöpferischsten Denkern unseres Jahrhunderts. In diesem Buch, an dem Popper bis zuletzt gearbeitet hat, werden in 16 Texten nochmal die großen Themen angesprochen, die sein Lebenswerk beherrschten. Fragen der Erkenntnis, die Rolle und die Beschränktheit der Wissenschaft, der Frieden, die Freiheit, der Sinn der Geschichte, die Verantwortung der Intellektuellen, die offene Gesellschaft und ihre Feinde. Erneut besticht Karl Popper durch die Klarheit seines Denkens.

»Es finden sich noch viele weise Bermerkungen, kluge Betrachtungen und Analysen in dieser Textsammlung, die eigentlich auch eine ganz gute Kurzfassung seiner ganz großen Werke darstellt. Für Popper-Fans ist dieses Buch ein Muß, für die Noch-nicht-Popper-Fans ein Soll.«
Die Presse

01/1097/01/R

PIPER

Viktor E. Frankl

Der Mensch vor der Frage nach dem Sinn

Eine Auswahl aus dem Gesamtwerk. Mit einem Vorwort von Konrad Lorenz. 292 Seiten mit 16 Abbildungen. Serie Piper

Die Frage nach dem Sinn menschlicher Existenz gewinnt in unserer Gesellschaft zunehmend an Aktualität und Brisanz. Es gibt wohl kaum einen Wissenschaftler, der sich sein ganzes Forscherleben hindurch dermaßen engagiert mit dieser Frage auseinandergesetzt hat wie der Wiener Psychiater Viktor E. Frankl. Seine Logotherapie ist ganz darauf abgestimmt, dem Menschen in der Sinnfindung Beistand zu leisten. Frankl entwickelt diese psychotherapeutische Methode in Auseinandersetzung mit den Hauptvertretern der traditionellen Psychotherapie. Die Logotherapie will aber im allgemeinen nicht Ersatz für die Psychotherapie sein; vielmehr besteht ihre Aufgabe in einer Hilfestellung bei der Auseinandersetzung mit dem »Leiden am sinnlosen Leben«. Dieser Band bietet einen Querschnitt durch das gesamte publizistische Schaffen des Autors auf dem Gebiet der Psychotherapie und ihrer anthropologischen Grundlagen.

01/1043/01/L

PIPER

Hans Küng
Spurensuche

Die Weltreligionen auf dem Weg. 317 Seiten, durchgehend farbig bebildert. Gebunden

Hans Küng hat sich aufgemacht, die geistige Substanz der Weltreligionen fundiert und anschaulich zu beschreiben und für jedermann verständlich zu erklären. Er lädt uns ein zu einer spannenden Spurensuche durch alle Zeiten und Kontinente. Mit der Kompetenz des großen Wissenschaftlers geschrieben, aber ständig an der lebendigen Wirklichkeit des Menschen orientiert, beschreibt, erzählt und erklärt er das gesamte Spektrum der Religionen. Der gewaltige Stoff gliedert sich in sieben Teile: Stammesreligionen, Hinduismus, Chinesische Religion, Buddhismus, Judentum, Christentum, Islam. Faszinierende Bögen werden geschlagen: vom Ayers Rock nach Mekka, von einer Synagoge in New York zum tibetischen Kloster, von Konfuzius zu Muhammad.
Hans Küng macht neugierig, bietet eine Fülle an Wissenswertem, regt an, über die großen Religionen und ihre Bedeutung für die Menschheit neu und anders nachzudenken.

01/1168/01/R

PIPER

Irenäus Eibl-Eibesfeldt

In der Falle des Kurzzeitdenkens

223 Seiten mit 25 Abbildungen. Gebunden

Der Biologe, Verhaltensforscher, Begründer der Humanethologie und Bestseller-Autor Irenäus Eibl-Eibesfeldt diskutiert in seinem neuen Buch nichts weniger als die Zukunftsaussichten der Menschheit. Wir sind zwar ein »Volltreffer der Evolution«, so Hubert Markl, gefährden aber durch ungezügeltes Machtstreben und Konkurrenzdenken unseren Erfolg und unser Überleben. Deshalb müssen wir das Kurzzeitdenken, den ständigen Wettlauf im Jetzt, überwinden und ein generationenübergreifendes Überlebensethos entwickeln. Nutzen wir positive Verhaltensdispositionen wie Fürsorge gegenüber unseren Kindern, das Gefühl für Verpflichtung oder unsere Liebe zur Natur, und sind wir bereit, die Wirklichkeit auch dort wahrzunehmen, wo sie uns unangenehm ist, dann haben wir eine gute Überlebenschance.

01/1156/01/R